IT工程师之炼

申艳光　范永健　编著

清華大学出版社
北　京

内容简介

这是一本IT行业工程师的入门书，是一封写给懵懂地站在门口的未来IT工程师的一封“长信”，也是献给将在IT之路上历练拼搏的工程师们的一份爱心指南。

本书共5章，通过丰富的实例，分析和阐述了IT工程师与工程、工程思维和计算思维、IT项目管理、IT工程师的职业素养、文献检索与科技写作等内容，使读者认识工程和IT行业的内涵，了解开展工程项目的研究与学习的方法和途径，了解IT项目管理知识与经济决策方法，了解IT工程师所应具备的基本能力、职业素养、工程伦理等，从而增强自主学习和终身学习的意识，提高不断学习和适应发展的能力。

图书在版编目(CIP)数据

IT工程师之炼/申艳光，范永健编著. —北京：清华大学出版社，2021.6
ISBN 978-7-302-57997-7

Ⅰ.①I… Ⅱ.①申… ②范… Ⅲ.①IT产业－工程师－研究 Ⅳ.①F49

中国版本图书馆CIP数据核字(2021)第072122号

责任编辑：龙启铭　战晓雷
封面设计：申艳光
责任校对：李建庄
责任印制：朱雨萌

出版发行：清华大学出版社
网　　址：http://www.tup.com.cn，http://www.wqbook.com
地　　址：北京清华大学学研大厦A座　**邮　　编**：100084
社 总 机：010-62770175　**邮　　购**：010-83470235
投稿与读者服务：010-62776969，c-service@tup.tsinghua.edu.cn
质量反馈：010-62772015，zhiliang@tup.tsinghua.edu.cn
课件下载：http://www.tup.com.cn，010-83470236
印 装 者：小森印刷霸州有限公司
经　　销：全国新华书店
开　　本：170mm×230mm　**印　　张**：12.75　**字　　数**：237千字
版　　次：2021年8月第1版　**印　　次**：2021年8月第1次印刷
定　　价：48.00元

产品编号：083145-01

前　言

据说香精要熬五年甚至十年才加到香水里；人也是一样，要经过成长锻炼，才有自己独一无二的风格。

严寒退尽，才有大地回春；历经磨炼，方可破土重生。

教育不是注满一桶水，而是点燃一把火，打开一扇门。期望本书能够点燃读者内心的火种，帮助读者走向美好的未来。

本书特色如下：

(1) 本书从工程思维的角度出发，通过丰富的案例分析，从多个方面阐述了计算思维的应用，旨在帮助读者形成计算思维。

(2) 本书精选近百个古今中外的工程实例、问题案例、寓言故事，以提高趣味性，启发读者思考。

本书的出版得到国家自然科学基金项目(61802107)、河北省高等学校科学技术研究项目(ZD2016017)、河北省社会科学基金项目(HB15JY076)和2021年度江苏省研究生科研与实践创新计划项目(SJCX21_0025)的资助。

本书由申艳光、范永健和张柏洲共同完成，第1～第3章由申艳光撰写，第4章由范永健撰写，第5章由张柏洲撰写。

由于作者的水平有限，加之时间仓促，书中难免存在不足之处。恳请读者批评和指正，以使本书更臻完善。

在人类科学文明迎来百花齐放的春天，IT工程，这颗人类现代工程桂冠上的明珠，正等待着她的新主人！

申艳光

2021年6月

目 录

第 1 章

IT 工程师与工程

科学家探究已有的世界，工程师开创全无的天地。

——西奥多 · 冯 · 卡门（Theodore von Karman）

1.1 工程的概念

1. 什么是工程

什么是工程？什么是技术？什么是科学？（图 1.1）它们之间有什么区别和联系呢？

在汉语中，“工程”是一个合成词，由“工”与“程”两个词素构成。在甲骨文和金文中，“工”的字形均像工具。《说文解字》对“工”的解释是：“工，巧饰也。象人有规矩也……”意思是：工，巧饰之技。其字形像人手持规矩。“程”字原指称量谷物，有度量、规程、程式等义。《北史 · 列传 · 第六十九》的“儒林上”言及“材瓦工程”。《新唐书 · 魏知古传》云：“会造金仙、玉真观，虽盛夏，工程严促。”到了近代，特别是洋务运动之后，“工程”一词的使用日益普遍。就日常语义而言，所谓工程指的是包括设计和制造活动在内的大型生产活动。

图 1.1 工程、技术与科学

随着人类文明的发展，人们能够建造出比单一产品更大、更复杂的产品。这些产品不再是结构或功能单一的东西，而是各种各样的人造系统，工程逐渐发展为一门独立的学科和技艺。

现代意义的工程指将自然科学的理论应用到具体工农业生产部门中形成的各学科的总称，如水利工程、化学工程、土木建筑工程、遗传工程、系统工程、生物工程、海洋工程、环境微生物工程等。

美国工程师职业发展协会（The Engineer's Council for Professional Development，ECPD）给出的定义是："工程是一种职业，它利用通过学习、经验、实践所获得的数学和自然科学知识，寻求经济地利用物质和自然力量的方法，以造福人类。"

工程是一种造物活动。工程活动是人类社会存在和发展的基础，是直接的、现实的生产力，是人类文明的重要标志。工程活动是一种超自然的，在目的性驱动与指导下建构超世界存在的独特实践方式，是创造价值、实现价值、消费价值和享用价值的经济社会活动。一般来说，工程是包括谋划、设计、制造、运行、维护、管理、评估活动在内的生产实践活动。

中国古代神话传说中燧人氏和有巢氏可称为"原始工程师"。古埃及的金字塔，英国的史前巨石阵，中国的都江堰、万里长城和大运河，古罗马的斗兽场，中世纪欧洲的教堂，美洲玛雅人的神庙，等等，都是古代工程的奇迹。近代的机械工程、采矿工程、纺织工程、公路工程、铁路工程、电力工程等，现代的信息工程、基因工程、航天工程、生命工程、网络工程等，都是工程的代表。

总之，工程意味着人对自然界有目的的变革，在本质上反映着人与自然关系中人的能动性。工程是按照人类的目的而使自然界人工化的过程，是组织、设计和建造人工物，以满足某种明确需要的实践活动。

2. 工程与科学

"科学"一词一般认为源于中世纪拉丁文 Scientia，其本义为"学问""知识"。

科学究竟是什么？至今没有定论。处于不断完善和发展中的科学主要是能够反映客观现实和规律的知识体系。科学活动正是该知识体系在诸多条件约束下的一种创造过程。

广义的科学是自然科学、人文科学和社会科学等所有学科的总称；狭义的科学则专指自然科学，有时甚至仅指基础理论科学。

自然科学（natural science）是以自然界为主要研究对象，运用实证、分析、推导等方法，揭示自然的奥秘，获取真知。

人文科学（humanity science）是以人类作为主要研究对象，运用实地考察、诠释等方法，认识人、人性和人生的意义，提升人的精神素质和思想境界。

社会科学（social science）是以社会领域为主要研究对象，运用调查、统计和归纳等方法，把握社会规律，解决社会问题，促进社会进步。

计算机教育家特南鲍姆（Stephen Tenenbaum）对于科学家和工程师的作用有个形象的说法："上帝创造了世界，却忘记了写说明书。科学家的任务就是补写出这部说明书，而工程师的职责则是用一角钱做出傻瓜必须用一元钱才能做的事。”

科学的目的在于认识自然，探索自然的未知和普遍真理，丰富人类的知识宝库；工程的目的在于利用自然、控制自然和创造人工自然，增加人类的物质财富。

科学要解决“是什么”“为什么”的问题，是研究已有的世界；工程要解决“做什么”“怎么做”的问题，是创造还没有的世界。

科学活动的目标相对而言是不确定的，关键是善于观察、发现问题和提出假设，提出一个问题往往比解决一个问题更重要；工程活动的目标相对而言是确定的，辨识问题固然很重要，但解决问题更为重要。

科学侧重于分析方法和逻辑推理，对各种事物进行分析，研究在一定条件下可以得到什么样的结果，重视精确的数据和完善的推理；工程侧重于综合方法，把事物配置在一起以实现一个确定的目标，其中少不了经验估计、失误和各种制约因素的折中。

科学问题是单解的，对科学研究结论的评价只有正确与错误之分；工程问题是多解的，往往因地、因时、因人而异，对工程结果的评价主要看其效益和效率等。

科学家是“说人之未说，是非任人评判”，要在一点上深入下去，可以暂时“不及其余”；工程师则要为用户负责，必须承担责任，他们必须面面俱到，即使不是关键技术上的不足，也可能导致产品在市场上全面失败，他们的工作必须基于制度与规范约束下的合作。因此，科学属于认识范畴，工程属于实践范畴。

航空工程师和教育家冯·卡门曾说：“科学家发现已经存在的世界；工程师创造一个过去从来没有存在过的世界。”

3. 工程与技术

“技术”一词的希腊文 techne 原意是个人的技能、技艺。在手工业时代，技术的主要含义是指个人的技巧、手艺，但也包括世代相传的制作方法、手段和配方等内容。直到欧洲文艺复兴时期，人们仍然把技术理解为经验、技能和技巧。

随着工业革命的兴起，大机器生产时代到来，劳动手段发生了革命，过去需要靠长期积累经验而形成的技能和技巧才能做到的事，现在利用机器和工具就很容易办到了。于是技术便有了两个含义：一是活动方式本身(技能)，二是代替人类活动的装备(工具)。而且，技能和技巧的作用减弱了，机器和工具的作用增强了。因而，人们又把技术活动的物质手段看成技术的主要标志，视技术为劳动手段的综合。

工程和技术既有联系又有区别。工程和技术同属于实践范畴，它们的任务都在于改造世界，本质上反映着人与自然的能动关系，而对自然的能动作用离不开实践。

工程是改变自然物的运动形式和状态的实践过程。存在于工程过程中的技术(即所谓工程技术)是推动工程实践的一种有力手段。

综上,从事科学研究工作的人是"发现者",他们试图发现自然、社会等方面存在的规律;从事工程工作的人则是"实现者",以合理的成本建造或生产稳定可靠的人工物或产品,以满足大量人群的需要;从事技术工作的人是"创造者",他们利用已发现的规律试图创造新的物品、工具、方法来满足人类的需要。

工程的最终目标是造福人类,这也是工程师的终极目标。

4. 理解工程活动的几个维度

工程活动与科学活动、技术活动一样,是非常复杂的社会现象,需要从多个维度进行认识和理解。

1) 哲学的维度

什么是工程,工程的意义和价值何在,是关于工程的两个基本哲学问题。首先是反思自身的责任,即,什么是好的设计和好的工程,工程师如何更好地履行自己的使命;其次是回应对工程活动的质疑和批判,包括以哲学的视角来看待工程活动及其引发的诸多伦理困境,以及价值取向及行为规范的反思。

2) 技术的维度

工程活动依赖于技术的进步;工程活动为技术提供了用武之地,同时在工程活动中也能够孕育、发明新技术。

3) 经济的维度

度量工程活动是否具有重要意义的指标之一是其是否具有重要的经济价值。一方面,很多工程能够立项并实施,主要是由于它们会带来显著的经济效益;另一方面,如何以尽可能小的投入获得尽可能大的收益,是工程过程的关键问题,既涉及微观层面的工程成本最小化问题,也涉及宏观层面的工程价值最大化问题,这也是工程经济学研究的内容。

4) 管理的维度

工程管理是管理科学的重要组成部分,一些富有成效的管理模式和方法与工程活动密切相关。工程活动从管理的维度要研究如何最有效地把众多的行动者、可利用的资金和自然资源等组织起来,实现高效协同的问题。

5) 社会的维度

工程的社会性表现之一是实施工程的主体具有社会性。

工程通常是指具有一定规模的、有组织的生产或建造活动,而不是手工业式的、个体性的行为。例如,软件工程需要团队协同工作,并采用软件工程的管理流程、规范和方法。

工程的社会性表现之二是工程对社会的经济、政治和文化的发展具有直接的、显著的影响和作用。

例如,蓬勃发展的网站平台和App已成为青少年居家学习的主要渠道。许多网站平台能够履行社会责任,传播文化知识和健康向上的正能量内容。但是,也有部分网站平台责任意识淡漠,在利益驱使下,传播一些有害和不良信息,恶意弹窗引流,严重干扰青少年正常学习,为广大群众深恶痛绝。针对上述问题,国家网信办在2020年7月初启动的2020"清朗"行动未成年人暑期网络环境专项整治中,聚焦网站平台网课学习频道、学习教育类App、工具类应用弹窗等未成年人常用的环节和应用,依法查处了一批影响恶劣的网站平台和App。

工程的社会性要求工程师树立全面协调的、可持续发展的工程观,并遵守工程伦理规范。

6) 生态的维度

工程活动从生态的维度应该评估和控制工程实践对自然环境和生态平衡带来的不可逆转的重要影响。例如,当今随着电子产品废弃量的增加,电子垃圾污染越来越得到社会各界的高度关注。在电子产品中含有多种有毒物质,随意地废弃电子产品给环境造成了严重的污染。

7) 伦理的维度

在中国文化中,伦理的"伦"是指"类""辈"或"条理""次序",常常引申为人与人、人与社会、人与自然的关系;"理"是指道理和规则。因此,伦理就是处理人与人、人与自然的相互关系时应遵循的规则。从伦理的维度要探讨如何处理工程活动中的伦理问题,以及人们在工程活动中应遵守哪些伦理规范等。

1.2 IT 行 业

1.2.1 信息技术的内涵

信息技术(Information Technology,IT)是在信息科学的基本原理和方法的指导下扩展人类处理信息能力的技术,是以电子计算机和现代通信技术为主要手段,实现信息的获取、加工、传递和利用等功能的技术总和。

信息技术包括感测技术、通信技术、计算机技术和控制技术。

1. 感测技术

感测技术扩展了人类获取信息的能力和感觉系统的功能，包括信息识别、信息提取、信息检测等技术。

2. 通信技术

通信技术的主要功能是实现信息的快速、可靠、安全传递，包括信息加密技术、广播技术等。

3. 计算机技术

计算机技术是存储和处理信息的技术。

计算机信息存储技术从狭义上讲，包括与存储器的读写速度、存储容量和存储稳定性等相关的技术；从广义上讲，包括与信息的组织、检索和关联等相关的技术。

计算机信息处理技术从狭义上讲，主要包括与信息的编码、压缩、加密和再生等相关的技术；从广义上讲，主要包括与逻辑推理、决策判断等相关的技术。

4. 控制技术

控制技术是信息处理过程的最后一个环节，它是将信息处理的结果利用一定的形式进行控制和表现，包括调控技术、显示技术等。

1.2.2 信息技术行业

信息技术行业简称 IT 行业，是社会经济活动中专门从事信息技术开发、设备和产品的研制生产以及提供信息服务的行业的统称，是一个包括信息采集、生产、检测、转换、存储、传递、处理、分配、应用等门类众多的行业群。

一切对人类社会活动有用的数据、资料都可以称为信息。广义的信息不仅包括企业生产经营活动的信息，还包括国民经济乃至世界经济活动的信息；不仅包括经济信息，还包括科技信息、社会文化信息、生活信息等。狭义的信息主要指与企业生产经营活动有关的微观和宏观经济信息。信息手段和信息技术主要是指从事信息处理的电脑系统和从事信息传递的舆论、通信工具以及相应的信息科学理论。因此，信息技术行业是指从事信息的生产、流通和销售以及进行信息科学理论研究的行业。

IT 工程师是从事 IT 相关工作的人员的统称。它是一个广义的概念，包括 IT 设计人员、IT 架构人员、IT 工程管理人员、程序员等一系列岗位。

信息技术行业主要包括如下 3 类行业。

1. 信息处理和服务行业

信息处理和服务行业的特点是利用计算机系统收集、加工、整理、存储信息，为各行业提供各种各样的信息服务，如计算机中心、信息中心和咨询公司等。

2. 信息处理设备行业

信息处理设备行业的特点是从事计算机的研究和生产、计算机软件开发等活动，计算机制造公司、软件开发公司属于这一行业。

3. 信息传递中介行业

信息传递中介行业的特点是运用现代化的信息传递中介，将信息及时、准确、完整地传到目标受众。因此，印刷业、出版业、新闻广播业、通信邮电业、广告业都可归入其中。

1.2.3 IT行业的教育

IT行业的教育是伴随着计算机的诞生和发展逐渐发展起来的，主要包括计算机科学与技术一级学科、软件工程一级学科以及其他相关学科。

1. 计算机科学与技术学科

1）计算机科学与技术学科的概况

计算机科学与技术(Computer Science and Technology)是20世纪40年代产生并迅速发展的科学技术领域，主要围绕计算机的设计与制造，以及信息获取、标识、存储、处理、传输和利用等方向，重点开展理论、原则、方法、技术、系统和应用等方面的研究。

计算机的历史作用可以概括为4点：开辟了一个新时代——信息时代，发展了一类新产业——信息产业，创立了一门新学科——计算机科学与技术，形成了一种新文化——计算机文化。计算机的划时代作用是把人类社会从工业时代推向信息时代，从物质产业时代推向信息产业时代，直至走向知识经济时代。

早在现代计算机问世之前，人们就在不断探索计算装置的原理、结构和实现方法。20世纪40年代，由于电子技术和计算理论取得重大进展，数字电子计算机应运而生，计算机科学与技术学科也随之形成。计算机科学与技术作为独立的科学研究领域从20世纪五六十年代开始逐渐被学术界认可。目前，计算机已经得到普遍应用，是信息社会的主要推动力量，计算也已成为人类探索未知领域的有效途径和重要手段，为人类认识世界、改造世界提供了更广阔的视野和独特的实验和分析方法，成为人类生活不可缺少、现代文明赖以延续和发展的重要科学与技术领域之一。

几十年来,计算机科学与技术发展迅速。在器件上,已从电子管计算机发展到超大规模集成电路计算机系统;在系统结构上,已从单一处理装置发展到多处理机系统、多媒体系统、并行分布式系统及网络系统;在软件上,已从机器语言发展到高级语言,从手工技艺性程序设计发展到工程化的软件设计;在系统接口上,已从低速单一功能发展到多样化的人机接口和挂网外围接口;在应用上,已从单纯处理数据发展到处理数据、媒体和知识,从科学计算拓展到现代科学技术各个领域、现代社会各个部门和现代生活各个方面;在理论上,已从对单纯的计算模型的研究深入和拓展到对计算机系统理论、软件理论、计算机复杂性理论和计算机应用技术理论的研究。

进入 21 世纪,随着世界新技术革命的迅猛发展,计算机科学与技术也在不断发展,并支撑了其他学科,如生物、制药、化学、物理等的进步,继续保持了在高新科技领域的重要地位,在推动创新、促进学科交叉与融合方面扮演着重要角色。计算机科学与技术在 21 世纪必将取得更大的进步,为开拓人类的认知空间提供更强大的手段与条件,并对科学技术和经济发展做出更大的贡献。

2) 计算机科学与技术学科的内涵

计算机科学与技术是国家一级学科,下设信息安全、软件工程、计算机软件与理论、计算机系统结构、计算机应用技术、计算机技术等专业。

计算机科学与技术包括科学与工程技术两方面,两者高度融合,这是计算机科学与技术学科的突出特点。

计算机科学与技术的基本内容可概括为计算机科学理论、计算机软件、计算机硬件、计算机系统结构、计算机应用技术、计算机网络与信息安全等领域。

计算机科学与技术学科的理论基础包括数学、计算理论、信息与编码理论、自动机论与形式语言理论、程序理论、形式语义学、算法分析和计算复杂度理论、数据结构、编程语言理论以及并发、并行与分布处理理论等。

计算机科学与技术在认识和解决实际问题的过程中,学科的研究方法论也不断发展和完善,主要包括以下 3 种方法:

(1) 理论方法,主要是运用数学、计算理论、算法复杂性等理论体系解决理论问题。

(2) 系统方法,主要运用系统设计与实现的方法解决实际应用问题。

(3) 实验方法,主要对计算机应用中发现的各种问题进行验证并发现新问题。

对计算机科学与技术而言,需要特别强调理论与实践相结合,即在实际的系统中不断总结经验和教训,提高设计、制造和利用的水平。

3）计算机科学与技术学科的范围

计算机科学与技术学科主要包括4个研究方向：计算机系统结构、计算机软件与理论、计算机应用技术、计算机网络与信息安全。

（1）计算机系统结构。该方向研究计算机系统设计和实现技术。主要研究内容包括：计算机系统中软件与硬件的功能匹配，软件与硬件界面的确定；计算机系统各组成部分功能、结构以及相互协作方式；计算机系统的物理实现方法；计算机系统软硬件协同优化技术。主要目标是：合理地把各种部件和设备组成计算机系统，与计算机软件配合，满足应用领域对计算机系统性能、功耗、可靠性、价格等方面的要求。

（2）计算机软件与理论。该方向研究计算的基本理论、计算系统的程序理论与方法和计算系统的基础软件。计算系统基本理论主要研究求解问题的可计算性和计算复杂性，研究可求解问题的建模和表示及其到物理计算系统的映射，目标是为问题求解提供基本方法和理论。计算系统的程序理论与方法主要研究如何构造程序、形成计算系统以完成计算任务，目标是为问题求解提供程序实现；计算系统的基础软件主要研究计算系统资源（硬件、软件和数据）的高效管理方法和机制，研究方便用户使用计算系统资源的模式和机制，目标是为用户高效便捷地使用计算系统资源提供基础软件支持。

（3）计算机应用技术。该方向研究计算机在各领域信息系统应用中所涉及的基本原理、共性技术和方法。主要研究内容包括：计算机对数值、文字、声音、图形、图像、视频等信息在测量、获取、表示、转换、加工、表现、管理等环节中采用的原理和方法，将信息转化为知识的一般方法和共性技术，计算机在各领域中的应用方法。主要目标是：在应用领域充分发挥计算机处理和管理信息的能力，提高效率和品质，促进社会进步与发展。

（4）计算机网络与信息安全。该方向研究计算机网络设计与实现和网络环境下信息系统安全保障。主要研究内容包括：计算机网络体系结构，计算机网络传输、交换和路由技术，计算机网络管理与优化技术，以计算机网络为平台的计算技术，计算机网络环境下信息的保密性、完整性、可用性和可追溯性。主要目标是：合理地将网络设备、安全设备、计算机系统、应用系统组成计算机网络，配以安全管理系统，满足应用对网络性能、可靠性和安全性的要求。

2. 软件工程学科

1）软件工程学科的概况

软件工程经过40余年的发展，形成了软件工程领域的基础理论、工程方法与技术体系，完善了软件工程教育体系，具备了学科的完整性和教育学特色，具有广泛的研究领域和研究方向，作为独立学科为软件产业发展提供了理论、技术与人才支撑。

1968年，在德国举行的NATO软件工程会议上，为应对软件危机的挑战，软件工程被首次提出。在这个时期，具有代表性的软件工程定义是“为了经济地获得在真实机器上可靠工作的软件而制定和使用的合理工程原则和方法”。

1975年，IEEE(Institute of Electrical and Electronics Engineers，电气与电子工程师协会)计算机协会(简称IEEE-CS)第一次出版了《软件工程学报》(*Transactions on Software Engineering*)。此后，软件工程这个术语被广泛用于工业、政府和学术界，众多的出版物、团体和组织、专业会议在它们的名称中开始使用软件工程这个术语，很多大学的计算机科学系先后开设了软件工程课程。

20世纪80年代末到90年代初，基于瀑布模型的软件开发过程和结构化过程语言编程范型占主导地位，软件工程研究在软件需求分析、软件设计、软件测试、软件质量保证、软件过程改进等多个子领域得到深化和扩展，形成了软件工程学科的雏形。

同期，软件工程教育得到卡内基·梅隆大学软件工程研究所的培育和支持。该研究所调查软件工程教育的现状，出版软件工程推荐教材，在卡内基·梅隆大学建立软件工程硕士教育计划，并组织和推动软件工程教育者研讨会。

1991年，ACM(Association for Computing Machinery，国际计算机学会)和IEEE-CS的计算学科教程2001(Computing Curricula 2001，CC1991)专题组将软件工程列为计算学科的9个知识领域之一。1993年，IEEE-CS和ACM为了将软件工程建设为一个专业，建立了IEEE-CS/ACM联合指导委员会。随后，该指导委员会被软件工程协调委员会(Software Engineering Coordination Committee，SWECC)替代。SWECC提出了《软件工程职业道德规范》(*Software Engineering Cade of Professionalism and Ethics*)、《软件工程教育课程体系评价标准》(*Software Engineering Education Curricula Accreditation Criteria*)和《软件工程知识体系》(*Software Engineering Body of Knowledge*，*SWEBOK*)。其中，SWEBOK全面描述了软件工程实践所需的知识，为开发本科软件工程教育计划打下了基础。

2004年8月，全世界500多位来自大学、科研机构和企业界的专家、学者制定了软件工程知识体系(SWEBOK)和软件工程教育知识体系(Software Engineering Education Knowledge，SEEK)，标志着软件工程学科在世界范围正式确立，并在本科教育层次上迅速发展。

进入21世纪，以互联网为核心的网络与应用得到快速发展，信息技术的应用模式发生了巨大变化。在开放、动态、复杂的网络环境下，灵活、可信、协同的计算资源、数据资源、软件资源、服务资源等各种信息资源的共享和利用，无处不在的普适计算，主动可信的服务计算，等等，均对软件工程提出了巨大挑战。围绕服务计算、云计算、社会计算、可信计算、移动互联网、物联网、信息物理融合系统等新型计算和应用模式，展开应用导向的软件工程研究成为主流趋势。另外，软件工程经过数十年的研究与实践，积累了海量的软件及相关数据，整理和分析这些数据，发现和总结软件产品、人员、工具、活动的特点及其所反映的软件工程实践效果，成为近几年软件工程的研究热点，这不仅能够提炼与完善软件工程的理论、方法和技术，还能支撑软件工程在新型计算和应用模式中的进一步发展。

2）软件工程学科的内涵

软件是客观世界中问题空间与解空间的具体描述，它追求的是表达能力强、符合人类思维模式、具有构造性和易演化性的计算模型。工程是综合应用科学理论和技术手段，改造客观世界的具体实践活动及其成果。软件工程是以计算机科学理论和技术以及工程管理原则和方法等为基础，研究软件开发、运行和维护的系统性、规范化的方法和技术的学科。

软件工程的研究对象是软件系统，其学科涵盖科学与工程两方面。其中，科学研究的重点在于如何发现软件构造、运行和演化的基本规律，以应对当今软件所面临的复杂性、开放性和可信性等一系列重要挑战；而工程的重点在于综合应用包括科学方法在内的各种方法，运用各种科学知识，经济、高效地构建可靠、易用的产品。

软件工程知识体系主要包括软件需求、软件设计、软件构造、软件测试、软件维护、软件配置管理、软件工程管理、软件工程过程、软件工程工具和方法、软件质量等知识域。

软件工程的理论基础主要是计算机科学中的程序理论和计算理论，以及求解问题的数学理论与方法，既关注构造软件的理论、模型与算法及其在软件开发与维护中的应用，也关注求解问题的数学理论与方法及其在软件建模、分析、设计和验证中的应用。

软件工程学科的方法论基础主要是系统工程、管理学和经济学等，重点关注软件系统的复杂性问题，涉及大型复杂软件系统开发、运行与维护的原则和方法。由于软件的特殊性，软件工程与传统的工程学有所不同。软件工程更关注抽象、建模、信息组织和表示、变更管理等，在软件的设计阶段必须考虑实现和质量控制，而且持续进化是软件的重要特征。同时，过程管理、质量保证、成本进度计划与控制等也是软件工程方法论的重要组成部分。

软件的渗透性和软件的服务性不断催生新学科和新产业。软件工程的研究必须与实际应用领域相结合，形成面向领域和面向服务的理论、方法与技术，涉及科学计算、信息系统与数据处理、嵌入式与实时计算、工业过程控制、移动计算、云计算、物联网、大数据、媒体计算等技术领域，以及生物医学、金融与电子商务、电子政务、电信、航空与航天、交通、国防、游戏与娱乐、社交网络等应用领域的相关理论。

3）软件工程学科的范围

软件工程学科主要包括以下 4 个研究方向。

（1）软件工程理论与方法。该方向在计算机科学和数学等基本原理的基础上，研究大型复杂软件开发、运行和维护的理论和方法，以及形式化方法在软件工程中的应用，主要包括软件语言、形式化方法、软件自动生成与演化、软件建模与分析、软件智能化理论与方法等内容。

（2）软件工程技术。该方向研究大型复杂软件开发、运行与维护的原则、方法、技术及相应的支撑工具、平台与环境，主要包括软件需求工程、软件设计方法、软件体系结构、模型驱动开发、软件分析与测试、软件维护与演化、软件复用、软件工程管理以及软件工程支撑工具、平台与环境等内容。

（3）软件服务工程。该方向研究软件服务工程原理、方法和技术，构建支持软件服务系统的基础设施和平台，主要包括软件服务系统体系结构、软件服务业务过程、软件服务工程方法、软件服务运行支撑和软件服务质量保障等内容。

（4）领域软件工程。该方向研究软件工程在具体领域中的应用，并在此基础之上形成面向领域的软件工程理论、方法与技术，主要包括领域分析、领域设计、领域实现和应用工程等内容。

3. 其他 IT 行业相关学科

还有一些学科属于 IT 行业的相关学科，例如信息与通信工程学科、电子科学与技术学科、控制科学与工程、系统科学等，因篇幅有限，不再一一介绍。

第 2 章 工程思维和计算思维

我们所使用的工具影响着我们的思维方式和思维习惯，从而也将深刻地影响着我们的思维能力。

——艾兹格·迪杰斯特拉（Edsger Dijkstra）

2.1 思　　维

在实际工作中，有的工程师遇到问题总要依赖别人来解决；也有的工程师遇到问题总能找到解决办法，无论是学习新知识还是遇到新的技术难题，总是能够迎刃而解。为什么出现这种差别？就是因为他们独立、快速、有效地解决问题的能力不同。那么，如何培养解决问题的能力呢？除了储备一定的知识和技能外，最重要的是培养解决问题的思维和方法，这是工程师的一大利器。

2017 年 8 月，美国麻省理工学院启动了新一轮的工程教育改革——"新工程教育转型"（New Engineering Education Transformation，NEET）计划。该计划主张，未来产业界将会更加注重工程人才的学习能力和思维等方面的表现，新工科应更加注重对学生思维的培养，使学生在工程实践中面临各种未知与复杂问题时能够运用恰当的思维加以解决。

思维最初是人脑借助于语言对客观事物的概括和间接的反映过程。思维以感知为基础，又超越感知的界限。思维是人类认识世界的框架，它探索与发现事物的内在本质联系和规律性，是认识过程的高级阶段。思维是人特有的一种属性，也是由疑问引发并以问题解决为终点的一种思想活动。

人类的一切决策、谋略、见解、科学发明和技术成就都是按照一定的方法进行思维的结果。思维方式是一种高度概括性的哲学范畴，是内化于人脑中的世界观和方法论的理性认识方式。

马克思说："人类的特性恰恰就是自由的自觉的活动。"从古至今，所有的教育都是为了促进人的发展。人之发展，首在思维，一个人的科学思维能力的养成，必然伴随着创新能力的提高。

作为IT工程师，知识、能力、思维三者应该相辅相成、缺一不可，如图2.1所示，从而打通知识脉络，融会贯通，强化内功，以应万变！

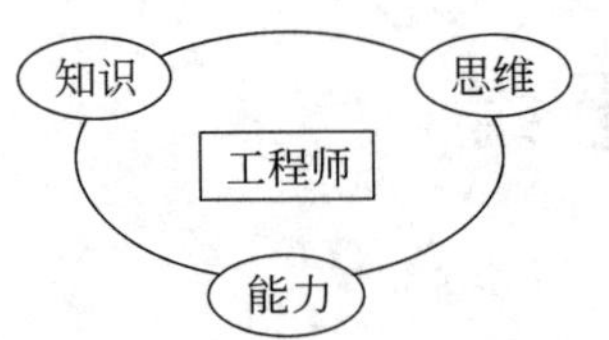

图2.1 知识、能力和思维

1. 思维方式是人们实践方式的内化和积淀

人类认识客观世界、揭示自然界和人类社会的客观规律的活动形成了科学实践，人类形象地或抽象地反映自然界和人类社会自身的活动以表达情感等主观需求形成了艺术实践，人类改造自然界、构建人工自然的活动形成了技术实践和工程实践。思维方式与实践方式是相对应的：科学实践对应科学思维（理性思维），艺术实践对应艺术思维（非理性思维），技术实践和工程实践对应技术思维和工程思维（综合思维）。

【月亮是这样的】

诗人告诉我们月亮是这样的："床前明月光，疑是地上霜。举头望明月，低头思故乡。"——李白《静夜思》；"明月出天山，苍茫云海间。"——李白《关山月》；"明月松间照，清泉石上流。"——王维《山居秋暝》。

科学家告诉我们月亮是这样的："月球是地球的卫星，并且是太阳系中第五大行星的卫星。月球直径大约是地球的四分之一，质量大约是地球的八十一分之一。其表面布满了由小天体撞击形成的撞击坑。"

我们看到，诗人和科学家面对相同的事物却有着不同的思维方式。

恩格斯说过，想要了解人的思维方式，必须看其具体的行为模式。人们只有通过实践，才能将一些感性认识变成理性认识。

列宁说过，对于思维方式来说，重复地进行实践能够发挥重要作用。人们通过不断实践，才能对某些事物产生理性思维，从而最终形成人的思维模式。

当实践发生变化的时候，新的思维方式也会出现。在不同的历史时期，人的思维方式会受到当时的生活方式和技术水平的影响。所以可以说，时代性决定了实践方式，而实践方式决定了思维方式。

2. 技术和工具影响思维方式、思维习惯和思维能力

著名计算机科学家、图灵奖得主迪杰斯特拉说："我们所使用的工具影响着我们的思维方式和思维习惯，从而也将深刻地影响着我们的思维能力。"

因为思维方式是人们的思维活动方式，是认知的过程。例如，互联网的诞生使人们开始通过网络技术和工具来感知和连通世界。人们需要拥有现代化的网络化的思维方式，才能体会、分析、思考、解决网络化思维方式给人们带来的新事物和新思想。

人类的思维方式多姿多彩(如图 2.2 所示)，主要包括以下类型。

(1) 归纳思维。它是从一个个具体的事例中推导出一般规律和共通结论的思维方式。

(2) 演绎思维。它是把一般规律应用于一个个具体事例的思维，又叫演绎推理。它是从一般的原理、原则推及个别具体事例的思维方式。

(3) 批判思维。它具有独立自主、自信、积极思考、不迷信权威、头脑开放、尊重他人等特征。

图 2.2　人类的思维方式多姿多彩

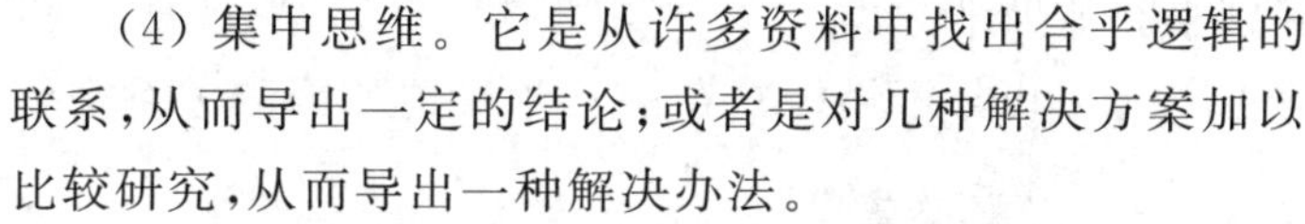

(4) 集中思维。它是从许多资料中找出合乎逻辑的联系，从而导出一定的结论；或者是对几种解决方案加以比较研究，从而导出一种解决办法。

(5) 侧向思维。它是从其他领域得到启示，以发现解决问题的途径的思维方式。

(6) 求异思维。也叫发散性思维，是对于同一个问题探求多种答案的思维方式，例如一题多解、一词多义。

(7) 求证思维。它是用自己掌握的知识和经验去验证某一个结论的思维方式，其结构包括论题、论据和论证方式。

(8) 逆向思维。它是从反面(对立面)提出问题、思考问题和解决问题的思维方式。

(9) 横向思维。它是将思维向更宽广的领域拓展的前进式思维方式。它从不同的角度分析问题，或者在对与当前问题相关的各个事物的分析中寻找答案。

(10) 递进思维。它是由浅入深、由表及里、由低到高、由小到大、由轻到重、层层递进的思维方式。

(11) 想象思维。它是人的大脑通过形象化的概括作用，对大脑内已有的记忆表象进行加工、改造或重组的思维活动，是在已知材料的基础上经过新的配合创造出新形象的思维过程。

(12) 分解思维。它是把一个问题分解成多个部分，从每一部分及其与其他部分的相互关系中寻找答案的思维方式。

(13) 推理思维。它是由一个或几个已知的前提进行分析、判断，推出新结论的思维方式。

(14) 对比思维。它是通过对两种相同或不同的事物的对比来寻找事物的异同及其本质的思维方式。

(15) 交叉思维。它是从一个方向寻找答案,在一定的点上停顿,再从另一个方向寻找答案,也在同一点上停顿,两个方向交叉汇合,沟通思路,从而找出正确的答案。在解决较为复杂的问题时经常要用到这种思维方式,例如"围魏救赵"。

(16) 转化思维。它是在解决问题遇到困难时把问题由一种形式转换成另一种形式,从而使问题更简单、更清晰的思维方式。

(17) 跳跃思维。它是跳过思维中的某些中间环节,省略某些次要的过程,直接达到终点的思维方式。

(18) 直觉思维。它是直接接触事物本质的思维,也就是得出结论后再去论证的思维方式。直觉思维由"显意识→潜意识→显意识"的闭环构成一个动态的整体结构,以整体性和跃迁性区别于其他思维方式。

(19) 渗透思维。它是通过洞察和分析错综复杂的互相渗透的因素关系来解决问题的思维方式。

(20) 统摄思维。它是凭借思维来把握事物的全貌,并统摄推论的各个环节的思维方式。它用一个概念取代若干概念,是一种高度抽象的思维方式。

(21) 幻想思维。"脱离现实性"是幻想思维最主要的特点。幻想思维可以在人脑中纵横驰骋,也可在毫无现实干扰的理想状态下向任意方向发散。

(22) 灵感思维。它是人们在创造过程中达到高潮阶段后出现的最富有创造性的思维突破,是由人们潜意识思维与显意识思维多次叠加而形成的,也是人们进行长期创造性思维活动时有可能达到的一种境界。

(23) 平行思维。为了解决一个较大的问题,有时需要从不同的方向寻求互不干扰、互不冲突的方法,即平行的方法来解决问题,这种思维方式称为平行思维,是发散思维的一种形式。

(24) 组合思维。它是在思维过程中通过对若干要素的重新组合产生新的事物或新的创意的思维方式。

(25) 辩证思维。它是以变化和发展的视角认识事物,主要运用质与量互相转化、对立统一、否定之否定 3 个规律来洞察事物的发展规律。

(26) 综合思维。它是综合运用多种思维方式来解决问题的思维方式。

(27) 核心思维。它是在处理问题时抓重点、抓核心的思维方式。

(28) 虚拟思维。它是以大脑为初始虚拟折射平台,以网络信息为外部虚拟折射平台的思维方式。

作为工程师,具备丰富的思维方式,能够进一步深化并拓展研究视角,从更多的角度去分析问题和解决问题。

2.2 工程思维

工程思维与科学思维、技术思维不同。与科学思维的“探索与发现”的特征、技术思维的“发明与创新”特征相比较，工程思维最重要的特征体现为系统性、科学性、集成性、跨学科性、问题求解的非唯一性、运筹性、可靠性、容错性、创造性、艺术性、跨界性、情感性和灵性思维等。

2.2.1 工程思维的含义

1. 工程思维是一种造物思维

作为一种人工造物活动，工程活动一定有思维活动渗透和贯穿其中。工程活动中的思维活动称为工程思维。工程思维是指人们在进行工程规划、设计、建造、运行、维护、管理与评估过程中所形成的独特思维方式，它以集成性为根本特征，是综合运用并有效集成各种知识（自然科学知识、社会科学知识、管理科学知识、人文科学知识等）解决工程实践问题——构建特定的人工物（人工系统）。因此，完全可以说工程思维就是聚焦于人工造物活动而展开的思维形式。

工程思维是工程活动的灵魂，工程活动是人们在工程思维的指导和引领下主动、自觉地进行的创造现实、塑造生活、改变世界的活动。工程思维的能力、水平、状况影响着工程活动的质量、效益和效果。鉴于此，重视工程思维，深刻把握工程思维的基本特征，不断提升工程思维能力、素质与水平，对于推动工程活动健康可持续发展，构建更多美丽、卓越、安全、优质的工程具有重大而深远的意义。

马克思说：“蜘蛛的活动与织工的活动相似，蜜蜂建筑蜂房的本领使人间的许多建筑师感到惭愧。但是，最蹩脚的建筑师从一开始就比最灵巧的蜜蜂高明的地方，是他在用蜂蜡建筑蜂房以前，已经在自己头脑中把它建成了过程结束时得到的结果，在这个过程开始时就已经在劳动者的表象中存在着，即已经观念地存在着。他不仅使自然物发生形式变化，同时他还在自然物中实现自然的目的，这个目的是他所知道的，是作为规律决定着他的活动的方式和方法的，他必须使他的意志服从于这个目的。”马克思以建筑活动为例，深刻地阐明了工程思维的基本性质，那就是造物思维。

2. 工程思维贯穿于工程活动始终，对工程活动起支配与指导作用

工程思维在工程活动中处于中心地位，起着不可替代的重要作用。它贯穿工程活动始终，渗透于工程活动各环节，对工程活动起支配与指导作用。

工程活动是意识（理念）先行、行动在后、思维引导存在的自觉实践活动。工程思维作为规律指导工程主体的活动方式和方法。

3. 工程思维既是工程问题求解的过程，也是理想客体对象化、现实化的过程

由于工程活动的核心是造物，因此，工程思维不仅仅是工程问题求解的过程，更重要的是要将工程理念模型对象化、现实化并转化为现实人工物的复杂运作过程。例如，软件工程思维是将软件的设计方案等转化为实用软件的过程，其中面向对象的开发强调从问题域的概念到软件程序和界面的直接映射。心理学研究表明，把客观世界看成许多对象更接近人类的自然思维方式。

列宁说："人的意识不仅反映客观世界，而且创造客观世界。"工程思维不仅反映客观世界，而且通过指导人们的工程实践行动，使凝结着人们理想、信念、情感、意志、知识的理想客体对象化、现实化，变成真实存在的人工系统。

4. 工程思维制约和决定着工程理念的优劣与水平

工程理念是人们在长期的工程实践中经过理性思考形成的对于人工造物活动的发展规律、发展方向和工程理想追求等的高度概括与思想升华，它带有理想化特征，是工程实践智慧的集中展示。作为反映并体现工程活动本质、规律、特征、发展趋势和价值追求的总体性、根本性观念，工程理念贯穿于工程活动始终，在工程活动中扮演着至关重要的角色。

2.2.2 工程思维的性质

1. 工程思维的系统性和科学性

工程活动是技术要素和非技术要素的集成，是一个系统的概念。通过工程活动，自然因素、技术因素、社会因素、人文因素和环境因素等彼此关联而成为一个复杂的、具有良好功能的系统。当今时代，以科学技术为支撑的现代工程日益变得系统化，成为系统工程。工程建构必须从系统性出发，即从总体出发，以整体思维着力于多元异质要素的优化整合，以实现结构化、功能化、效率化，并使系统各组成部分能够最大限度地相互适应、相互支持、相互补充，从而产生具有新质的工程系统。

系统思维是把认识对象作为系统，把想要达到的结果、实现该结果的过程、过程优化以及对未来的影响等一系列问题作为一个整体进行研究。所以，不能把工程思维仅仅当作一个以科学原理或技术原理为前提进行推理的过程。任何一项工程，在将科学原理工程化的时候，不仅要考虑技术的可行性，还要考虑设备、资金、人员配备、环境、风险等诸多因素。

工程思维突出实战。从理论到实践还有很长一段距离，而工程思维的目标就是努力缩短这段距离，最终让理论和人类生活实践顺利对接。

工程思维的科学性体现在以下两方面：

(1) 科学思维为设计师和工程师的工程思维提供了一定的理论指导和方法论。例如，高科技工程以高科技理论为支撑，它不是基于经验积累，而是基于最前沿的科学发现或创造。

(2) 科学规律为设计师和工程师的工程思维设置了不可能的目标和不可能行为的严格限制，从而使工程师或工程设计者不会违背科学规律。

例如，牛顿因看到苹果落到地上而发现了万有引力，进而逐步推演出经典力学，这些是指导火箭发射的理论依据。但是，即使非常精通经典力学，也不能把火箭发射到太空；火箭发射成功还得靠工程学来解决。多年来，总有一些人提出关于永动机的设计方案。其设计原理及其方案无论看上去多么有道理，但是，仔细分析就会发现，这些方案都违背了热力学第一定律，即能量守恒与转化定律。

工程思维与科学思维的区别主要表现在两方面：

(1) 科学思维的目的是发现真理、探索真理、追求真理；而工程思维的目的是满足社会生活需要，创造更大的价值(包括各种社会价值和生态价值在内的广义价值，而非狭义的经济价值)。

(2) 科学思维以发现普遍的科学规律为目标，是以普遍性和共性为核心的思维方式；工程思维是以个别性和独特性为核心的思维方式。

2. 工程思维的集成性和跨学科性

工程活动是对多元异质要素的复杂集成过程，这决定了工程思维是以集成性为根本特点的思维方式。工程活动需要跨学科、大尺度、多维度、全视野的集成性思维，需要匹配各种因素，需要调和各类需求，需要平衡各种价值，需要运用多种规律，需要充分考虑情景和条件，需要进行复杂的多种权衡与动态协调。在此基础上，实现多领域、跨学科、多元互补的知识、理论、方法与技术的集成创新以及技术要素与非技术要素多层次、多尺度、多因素的集成创新。工程活动中的集成性思维就是要求在工程思维中善于把多元异质因素按照一定的结构关系与系统功能实现要求进行优化集成，既要做到使这些要素在结构上互补，在作用上协同配合，又要做到功能上的创新与强化，以构建出整体优化的工程。

现代工程往往是多种造物活动的总和。工程问题是跨学科的、多元异质的复杂问题，涉及自然、人文、社会、经济、政治、文化、生态、伦理、法律等诸多领域，仅应用工程技术解决不了这些问题,必然要求对工程进行跨学科研究,以更好地解决工程问题。因此,工程思维是具有宽广视野的跨学科、跨领域、多元性融通思维。

着眼于全方位、全过程、全要素、全生命周期的适当配置、总体协调、整体统筹、系统最优的综合性思维是工程思维的重要特征。同时,工程思维是工具理性和价值理性整合与融通的综合性思维。文化的多元化性、工程主体的多元异质性带来的多元价值与利益分歧以及工程系统的复杂性,使得现代工程往往具有多元、多维的价值取向与多种价值目标(经济、政治、文化、生态、社会、伦理、审美等),这些领域的价值目标往往具有不同规律,遵循不同的思维逻辑。要处理好多元价值取向、多重规律与多重逻辑的复杂关系,把它们整合在一起,有机地融合在工程的规划、设计与建构方案中,就需要在思维中进行跨学科、跨领域、立体化、全视域的综合考量、多方权衡与统筹协调。

3. 工程思维中问题求解的非唯一性

工程问题的答案是非唯一的,工程思维需要考虑工程系统的所有因素。在技术因素中,技术路线不是唯一的;在非技术因素中,各种社会经济环境因素更是因时因地不断发生变化。再加上工程思维主体(工程师、管理者等)独特的思考方式,都决定了工程思维中问题求解的非唯一性。以设计教学管理软件为例,不但教学管理业务流程具有非唯一性,而且同一个管理流程的软件总体设计和详细设计方案也不可能只有唯一答案。因此,工程思维需要考虑如何才能合理地运用各种工具、机器、设备和其他手段找到最优的解决方案,实现工程的目的。

在工程思维中,决策者、设计师和工程师常常不得不面对矛盾的要求。更明确、更具体地说,他们往往不得不对相互矛盾的观点或要求,采取权衡、协调的立场和态度。

面对工程思维的特点,在现代逻辑学研究中,已经有人提出应该创立一种承认矛盾存在的超协调逻辑,也就是可以容纳矛盾的逻辑系统。黑格尔的辩证法、牛顿-莱布尼兹的微积分理论、早期的量子力学理论、素朴集合论和素朴语义学等,它们共同的基础逻辑都是超协调逻辑。在一些情况下,工程问题的判断和选择不一定总是非此即彼的,工程思维有时需要根据工程总体目的的要求,把冲突、矛盾的因素协调在一起。

4. 工程思维的运筹性

工程问题求解的非唯一性带来一个问题:如何对各种资源统筹协调以找到最优的解决方案,这就是工程思维的运筹性,它是指如何才能合理地运用各种工具、机器、设备和其他手段组成合理的工艺流程来实现工程的目的。

【丁渭主持的皇宫修复工程】

宋真宗在位时，有一年皇宫起火了。一夜之间，大片的宫殿亭阁变成了废墟。为了修复这些建筑，宋真宗派晋国公丁谓主持修缮工程。当时，要完成这项重大的建筑工程，面临着3个大问题：

(1) 需要把大量的废墟垃圾清理掉。

(2) 需要运来大批木材和石料。

(3) 需要运来大量新土。

不论是运走垃圾还是运来建筑材料和新土，都涉及大量的运输问题。

丁谓研究了工程之后，制订了这样的施工方案：

(1) 从施工现场向外挖了若干条大深沟，把挖出来的土作为施工需要的新土备用，于是就解决了新土问题。

(2) 从城外把汴水引入新挖的大沟中，于是就可以利用木排及船只运送木材和石料，解决了木材和石料的运输问题。

(3) 等到材料运输任务完成之后，再把大沟中的水排掉，把工地上的垃圾填入大沟内，使大沟重新变为平地。

这个案例体现了工程中的运筹思维。

运筹学的思想在古代就已经产生了，如田忌赛马的故事。敌我双方交战，要克敌制胜，就要在了解双方情况的基础上，制订出最优的应敌方案，即"运筹帷幄之中，决胜千里之外"。

总之，利用运筹学思想，可以根据问题的要求，通过数学分析、运算，得出多种结果，最后提出综合性的合理安排，以达到最好的效果。

5. 工程思维的可靠性和容错性

由于客观方面存在着许多不确定性因素，再加上主观方面人的认识中必然存在一定的缺陷和盲区，这就使得工程思维不可避免地带有风险性和不确定性。

工程风险和失败来源于两方面：外部条件方面的原因而导致的(例如用户需求发生了变化)；决策者、设计者、施工者的认识和思维中出现错误而导致的。

为了提高工程思维和工程活动的可靠性，设计工程师和生产工程师往往要加强对工程容错性问题的研究。所谓容错性是指在出现了某些错误的情况和条件下仍然能够继续正常地工作或运行。例如，计算机系统中的出错陷阱功能、恢复/还原功能、回收站功能、自恢复功能等都具有一定的容错性，能够在一定范围内和一定程度上"带病"可靠运行，这就是容错性在发挥作用和显现威力了。容错是工程师为提高可靠性经常会采用的一个重要方法。

6. 工程思维的创造性

【两位吵架者与公安局长的关系】

一位公安局长正在茶馆和一位老人下棋。正下到难分难解时，跑过来一个小孩，着急地对公安局长说："你爸爸和我爸爸吵起来了。"老人问："这孩子是你的什么人？"公安局长说："是我的儿子。"

请问，这两个吵架的人与公安局长是什么关系？

如果从婚姻、抚养和血缘等角度开始推测他们的关系，会感觉问题越来越复杂，其实答案很简单：公安局长是女性。吵架的两个人中，一个是她的丈夫，即小孩的爸爸；另一个是她的爸爸，即小孩的外公。为什么人们容易把他们之间的关系想得很复杂呢？因为"公安局长""茶馆""与老人下棋"这些描述，使得人们从以往的经验判断出发，将公安局长预先设定为男性，这样就把简单的问题复杂化了。这种预先设定的心理状态和惯性思维活动就是思维定势。

【自由落体问题】

一个博士群里有人提出一个问题："一滴水从很高的地方以自由落体的方式落下来，如果砸到人，会不会把人砸伤？"

群里一下就热闹起来，大家列出各种公式，提出各种假设，计算阻力、重力、加速度，足足讨论了近一个小时。

后来，一个不小心进错群的人问了一句："你们没有淋过雨吗？"

【哥伦布立鸡蛋】

当年，许多人认为哥伦布发现美洲是因为运气好。在一个盛大的宴会上，一位贵族向他发难："哥伦布先生，我们都知道，美洲就在那儿，你不过是凑巧先上去了而已！如果是我们去，也会发现的。"这时，哥伦布拿起桌上的一个鸡蛋说："请问你们谁能把这个鸡蛋立在桌子上？"大家跃跃欲试，却一个个败下阵来。哥伦布微微一笑，拿起鸡蛋，在桌上轻轻一磕，就把鸡蛋立在那儿。哥伦布随后说："是的，就这么简单。发现美洲确实不难，就像立起这个鸡蛋一样容易。但是，诸位，在我没有立起它之前，你们谁又做到了呢？"

上面 3 个故事告诉我们，人们常常易被思维定势所禁锢，而忘了最简单、最直接的思路。所以，不被思维定势禁锢，创造力才有可能迸发。很多时候，人们会说，"这也算创新吗？原来我也知道啊！"创新往往很"简单"，关键在于能否突破思维定势，从新的角度看问题，并且大胆尝试。

工程活动是构建自然界原本并不存在并且永远也不可能自发生成的新事物，

因此工程思维具有创造性，体现了人们追求理想、不满现状、超越现实、力图按照人的愿望改变世界并塑造美好未来的高度创造性智慧。由于工程构建的时间性、空间性与情景性，工程思维对特定主体、时间、空间和情景有高度依赖性，是特定工程主体在特定的时间、空间和场景中依据其知识、经验、直觉、想象力、洞察力、领悟力、兴趣爱好、审美趣味等进行的，具有不可复制性与不可重复性。因此，任何一项工程都不可以完全照搬其他工程的思维与方法，必须根据当时当地的边界条件和特殊的工程任务目标进行不同程度的灵活调整与随机应变。这也是设计软件和硬件时要考虑其可移植性的原因。

创造是指人类结合既定目标，利用已知的所有资源，形成一种新的、具有社会或个人价值的认知和行为活动。创造的范围很广，例如，引入新的产品，开拓新的市场，建立新的组织模式，等等，这些都属于创造。而且，需要指出的是，一般来说，在创新的过程中，必然有创造的存在，在这个过程中必然创造了新的东西。

马克·吐温说过："只要在生活中葆有天真和信心，成功就在望了。"意思是说，保持一颗孩童般的心是维持创造力的秘诀。因为葆有天真和信心，就拥有了好奇心和想象力。

乔布斯(Steve Jobs，1955—2011)曾说："拥有初学者的心态是一件了不起的事情。"这种初学者的心态来自没有成见的心灵。每个人都有无限的潜能，但心中的成见却形成了看不见的枷锁，阻碍着人们释放潜能。所以，只要砸碎心中的枷锁，无限的潜能终将迸发！

7. 工程思维的艺术性

美国学者科恩曾指出：当工程师在特定的时间使用一组启发法解决一个特定的工程问题时，人们可以把卓越的工程实践视为艺术。所以，工程思维也是具有艺术性的思维方式。

法国文学家福楼拜说："越往前走，艺术越要科学化，同时科学越要艺术化。两者在山麓分手，回头又在山顶会合。"

工程思维的艺术性更多地表现在工程的决策者、设计师和工程师表现出的思维个性及其工程美学观点上。杰出的工程都渗透着决策者以及设计师和工程师独特的个性美，每一个杰出的工程都是一件艺术品。

在斯坦福大学毕业典礼的演讲中，乔布斯动情地说："要是我不学书法，就没有今天的苹果！"。他把书法中的美感应用于苹果的产品设计中。从2008年起，苹果公司启动了一项免费教育项目——供应商员工教育与发展计划(Supplier Employee Education and Development program，SEED)，该项目有一门课程——

中国书法。

软件设计是工程设计和艺术设计的结合。一方面,软件设计要从工程师的角度出发,使用系统化方法构建软件的内部结构,进行折中的设计决策,生产对用户有用的软件产品。工程设计主要使用理性、逻辑分析和科学化知识,软件设计工程师关注的是软件产品的效用和健壮性(robustness)。另一方面,软件设计也要从艺术美感出发,强调设计带来的愉悦和要传达的意境。艺术设计依赖于设计师的直觉、感性等因素。

软件用户界面是用户与计算机的对话途径,而将计算机用户界面的信息交流功能转换成一款可以与用户对话的人性化构造物并不容易,其中不仅涉及计算机科学、人机工程学,而且涉及美学、心理学、语言学、社会学和艺术设计等诸多领域。

《数学之美》作者吴军说:“完成一件事,做到 50 分靠常识和直觉,做到 90 分要靠科学和技艺,而要做到 90 分以上则要靠艺术。”事实确实如此。

艺术与科学的交融,将产生多元化思维的灿烂火花。

8. 工程思维的跨界性

跨界研究是对两个或多个看似毫无关联的领域进行综合研究,并且探索这些领域如何相互关联。一个领域的问题可能通过另一领域的技术和知识解决,解决问题的过程则反过来推动这两个领域的共同进步。

爱尔兰著名作家萧伯纳曾说:“你有一个苹果,我有一个苹果,彼此交换,每个人手里依然只有一个苹果;倘若你有一个思想,我也有一个思想,相互交换,那每个人便有两个思想了。”这就说明思维互补能够实现思维的超越。

许多热爱艺术的科学家在科学上的创造性灵感就经常受到形象思维的启发,有些艺术家本身就是科学家。爱因斯坦擅长拉小提琴;伽利略不仅是天文学家,而且是诗人与文学批评家;莫尔斯电码的发明者摩尔斯曾经是职业风景画家;达·芬奇不仅是大画家,而且是科学家和工程师。

在中国,很多科学家对艺术都有很高的造诣和修养,苏步青爱好写诗。李四光爱好作曲(1920 年,他在巴黎创作了中国第一支小提琴曲《行路难》)。钱学森说:“科学家不是工匠,科学家的知识结构中应该有艺术,因为科学里面有美学。”科学和艺术是永远连在一起的,科学思维与艺术思维能够互相影响、互相渗透、互相促进。钱学森说:“这些艺术里所包含的诗情画意和对人生的深刻的理解,丰富了人们对世界的认识,学会了艺术的广阔思维方法。或者说,正因为受到这些艺术方面的熏陶,所以才能够避免死心眼,避免机械唯物论,想问题能够更宽一点、活一点。”钱学森说,他在科学上的成就得益于小时候的艺术素质培养,因为人的全面素质的培养能够拓展思维宽度。钱学森在美国加州理工学院攻读博士学位及执教期间，不仅参加了美国物理学会、美国航空学会和美国力学学会之外，还参加了美国艺术与科学协会。

作为名扬中外的诺贝尔物理学奖获得者，李政道博士不但在科学研究上成果卓著，而且首创性地提出“科艺相通”理论，他多年致力于倡导科学与艺术的结合。他认为，科学和艺术源于人类活动最高尚的部分，都追求深刻性、普遍性和永恒性。科学和艺术都是人类精神领域里的创造性思维活动，这就是学科间交融的必要性。艺术与科学是一枚硬币的两面，两者是相通的，科学可以从艺术中寻求创新思路。他认为，两者的融合必将促进、加速文化的发展，而且是人类文明发展的必然规律。

由此可见，科学和艺术的融合是科学家进行科学探索、科学发明和发现的需要。科学和艺术都是人类精神领域的创造性思维活动，这就是跨界交融的必要性。

IT 工程师创造的产品——软件和硬件都是其思维的产物。软件和硬件设计、开发和使用受开发者和使用者的指导思想、世界观、情感、文化素养、审美情趣等人文因素的影响。软件有有形和无形两部分。有形部分是指软件的各种具体表现形式，包括程序代码、用户界面、软件文档等；无形部分是指软件折射出的软件开发者和使用者的人文因素。因此，软件是“人软合一”的，对于工程师，注重加大自身的思维深度、拓展自身的思维宽度非常重要。

9. 工程思维的情感性

工程思维关注的是人，工程要造福于人类。设计是需要情感的，情感化思维对于工程师意义重大。现在人们对工程产品的情感需求越来越高，所以当代工程设计的发展趋势必然是把人类的情感需求充分融入设计之中。情感理念与工程设计的融合，既能将 IT 工程师设计者置身于一个更美好和感性的设计世界，也能为使用者创造出一种美好、愉悦、温暖、惬意的诗意环境，增加设计价值。

10. 工程思维中的灵性思维

灵性思维是指一种具有启发性、创造性和生命力的思维，是在智慧层面对事物的认识。灵性思维区别于聪明与知识，是超越主观思想与世俗经验的心灵感悟与体验，是“思维之外的思维”。灵性思维在生活中随处可见，体现在人的领悟、感受以及观察能力等方面，能使人们洞悉事物的本质，并迅速做出反应或者选择。人类很多创新都是在灵性思维帮助下实现的。

【庄子与惠子的故事】

有一天，惠子对庄子说：“魏王给了我一颗大葫芦籽儿，结果长出一个有五石大的大葫芦来。因为这只葫芦太大了，所以它什么用都没有。我要是把它一劈两半，把它当个瓢盛水的话，那个葫芦皮又太薄，盛上水往起一端就碎了，用它去盛什么东西都不行。想想葫芦能干什么用呢？不就是为了最后劈开当瓢来盛东西吗？可这只葫芦什么都干不了。葫芦虽大，却没有作用，我把它打碎算了。”

庄子听完就给惠子讲了一个故事：“宋国一户人家有一个不会皴手的秘方，这户人家世世代代依靠这个秘方以漂洗为生。后来这个秘方被一个商人重金买去献给吴王，吴王就让此人在寒冬带兵出征越国，并取得了胜利，这个商人也受到吴王裂土封侯的赏赐。”

庄子讲完告诉惠子：“有五石之瓠，何不虑以为大樽而浮乎江湖，而忧其瓠落无所容？”意思是：这五石大的大葫芦也是一样，为什么就不能把它系在身上浮游于江湖之上呢？难道必须把它加工成某一种东西才有用吗？

【戴表的矿工】

这是发生在非洲一个国家的真实事情。6名矿工在深井下采煤时，突发事故，矿井倒塌，出口被堵住，导致矿工们与外界隔绝。

凭借经验，他们知道自己面临的最大问题是缺氧，井下空气最多能让他们生存3个小时。其中只有一位矿工戴了手表，大家决定由戴表的人每隔半个小时向大家通报一次时间。

第一个半小时过去了，这名矿工虽然轻描淡写地给大家通报了一下，但是他内心却是异常紧张和焦虑，因为这是在向大家通报死亡的临近。

第二个半小时到了，他突然灵机一动，决定不让大家死得那么痛苦，他没有按时通报，直到又过了15分钟后他才告诉大家一个小时了。

就这样，又过了一个小时，他第三次告诉大家时，同伴们都以为时间只过了90分钟，只有他知道135分钟已经过去了。大家因为缺氧，意识都逐渐模糊了。

在事故发生4个半小时后，救援人员找到了他们。令他们感到惊异的是，6人中竟有5人还活着，只有一人窒息而死——他就是那个戴表的矿工。

上面两个故事揭示了两个道理。第一，人们的主观思维与认识不一定都是正确的，即便是正确的，也存在着很大的局限性。这种局限性严重地禁锢着人们。例如，矿工认定自己最多只能活3个小时，那就只能活3个小时。第二，对宇宙万物的认识是无止境的，存在着无限的可能性。而这种认识的高度取决于以人自身境界为基础的心灵感悟或体悟，而不是以认识对象为中心的研究与分析。例如，庄子与惠子对于大葫芦的用途有不同认识。

2.3 什么是计算思维

2006 年 3 月，前微软公司高级副总裁、美国卡内基·梅隆大学计算机系主任周以真(Jeannette M. Wing)教授在美国计算机权威杂志 *Communication of the ACM* 上发表文章，定义了计算思维(Computational Thinking)。

她认为：计算思维是运用计算机科学的基础概念进行问题求解、系统设计以及人类行为理解等的涵盖于计算机科学领域中的一系列思维活动。计算思维应该是每个人的基本技能，而不仅仅属于计算机科学家。应当使每个学生在培养解析能力时不仅掌握阅读、写作和算术(reading, writing, and arithmetic)能力，还要学会计算思维。学会"像计算机科学家一样思维"是所有专业领域的需求，而不仅仅是面向计算机科学专业人士，这种思维方式对于人们从事任何事业都是有益的。

周以真倡导运用计算机科学的基础概念解决问题、设计系统并理解人类行为的思维方式。这一理念推动了计算机科学在全球教育领域的发展。她期盼所有年轻人都能从计算思维中获益，并鼓励他们张开怀抱去拥抱跨学科研究的新理念。她说："如果我们希望做未来的弄潮儿，我们就需要去创造未来。"

简而言之，计算思维就是像计算机科学家一样思考，是计算机科学解决问题的思维，是用计算机能有效执行的方式对问题进行表述并提出解决方案。

计算思维是科学思维的补充和组成部分。

工程师应该具备的 3 种思维模式是工程思维、科学思维和系统思维。其中，科学思维可以分为 3 种：以观察和归纳自然界和人类社会活动规律为特征的实证思维，以推理和演绎为特征的逻辑思维，以抽象化和自动化为特征的计算思维。

计算思维综合了数学思维(求解问题的方法)、工程思维(设计、评价大型复杂系统)和科学思维(理解可计算性、智能、心理和人类行为)的很多方法。

人们已见证了计算思维在其他学科中的影响。例如，计算生物学正在改变生物学家的思考方式，计算博弈理论正在改变经济学家的思考方式，纳米计算正在改变化学家的思考方式，量子计算正在改变物理学家的思考方式。计算思维将成为每一个人的技能。

计算思维解决的最基本的问题是"什么是可计算的"，即弄清楚哪些是人类比计算机做得好的，哪些是计算机比人类做得好的。计算思维着重于解决人类与计算机各自的计算优势以及问题的可计算性。人类的思维是用有限的步骤去解决问题，讲究优化与简洁；而计算机可以进行大量重复的精确运算。

形式化后的问题有算法吗？如果为一个形式化后的问题找到了一个算法，就称这个问题是可计算的。在计算科学中，当一个问题的描述及其求解方法或求解过程可以用构造性数学计算过程来描述，而且该问题所涉及的认论域是有穷的或者存在有穷表示时，那么，这个问题就一定能用计算机来求解。

计算思维通过运用约简、嵌入、转化和仿真等方法，把一个困难的问题重新阐释成一个能够解决的问题。它是一种递归思维；是把代码译成数据、再把数据译成代码的方法；是一种多维分析推广的类型检查方法；是选择合适的方式去陈述一个问题，或对一个问题的相关方面建模，使其易于处理的思维方法；是采用预防、保护、冗余、容错、纠错的方式从最坏情况进行系统恢复的思维方法；是利用启发式推理寻求解答，即在不确定情况下进行规划、学习和调度的思维方法。

计算思维能对一个问题建立模型，使其易于处理，能处理大量数据，能加快其运算速度，并且在考虑计算机存储能力和处理能力的情况下能得到最简单、最容易的执行过程。计算思维是人类求解问题的一条途径，面向所有人。当计算思维融入人类生活时，它将成为每个人解决问题的有效工具。

近年来，计算思维教育在全世界范围内得到推广，尤其强调在大学低年级以及中学阶段进行计算思维教育。计算思维是一种复杂的思维技能，强化计算思维教育，可以帮助学习者解读真实世界的系统并解决复杂问题。

近年来，移动通信、普适计算、物联网、云计算、大数据等新概念和新技术的出现，在社会经济、人文科学、自然科学的许多领域引发了一系列革命性的突破，极大地改变了人们对于计算和计算机的认识。无处不在、无事不用的计算思维成为人们认识和解决问题的基本能力之一，也将成为当今的主要思维方式和手段。

下面给出几个生活中的计算思维的例子。

- 边看电视边织毛衣边唱歌，这就是计算思维中的并行处理。
- 有一个盛满梨汁的杯子 A 和一个盛满苹果汁的杯子 B，如何交换两个杯子里的果汁呢？可以借助一个空杯 C，将 A 杯中的梨汁倒进空杯 C，后将苹果汁倒进 A 杯，再将 C 杯中的梨汁倒进 B 杯。这就是计算思维中的数据交换。
- 一位学生早晨去学校时，把当天需要的东西放进书包，这就是计算思维中的预置和缓存。
- 当一个孩子弄丢手套时，会沿着走过的路回去寻找，这就是计算思维中的回推法。

下面介绍计算思维的 3 个主要应用方向。

1. 问题求解

计算思维是将问题求解的过程用程序化或自动化的方式表示出来，这与采用数学知识解决问题的方法不同。例如，AlphaGo 就是典型的围棋问题求解系统，它是按照计算机求解问题的基本方式去考虑工程问题，提出问题的解决方法，构建相应的算法和基本程序。

计算思维正在改变其他学科领域问题的求解方式。例如，机器学习已经在数学尺度和维数两方面极大地扩展了传统的统计学科的问题求解规模。2013 年，马丁・卡普拉斯(Martin Karplus)、迈克尔・莱维特(Michael Levitt)和阿里耶・瓦谢勒(Arieh Warshel)因开发多尺度复杂化学系统模型及其计算工具所做的贡献而获得诺贝尔化学奖。又如，计算生物学除了能够在海量基因序列数据中进行模式识别外，还能够以抽象的数据结构、自动化算法的方式完整地体现蛋白质的结构和功能。

采用计算方法进行问题求解的计算思维要求问题求解步骤具备确定性、有效性、有限性、机械性等可计算特性。

下面求解一个简单的数学问题。

【判断一个数是否为素数】

问题分析：如果输入的数很大，采用数学知识解决此问题，计算复杂度太高；但利用循环结构和枚举算法，就很容易解决，而且通用性很强，这就是计算思维，即计算机科学解决问题最本质的方法。

判断素数的问题可以采用以下两种方法求解。

方法 1：对于数 a，依次检查从 $a/2$ 到 2 的每一个数是否能整除 a。如果能，则表明 a 不是素数，结束循环；否则要继续检查。当 while $k>1$ 的循环结束时，表明 a 是素数，执行该循环的 else 子句。

方法 2：用数 a 分别除以从 2 到 $\sqrt{a}$ 的各个整数。如果能被其中至少一个整数整除，则表明 a 不是素数；反之 a 是素数。

Python 程序如下：

```
print("方法 1: 本程序检验一个数是不是素数(从 a/2 到 2)。")
a=int(input('请输入一个大于 1 的自然数(0 表示结束):'))
while(a!=0):
    k=a//2
    while k>1:
        if a%k==0:
```

```
            print(a,'不是素数,有因子',k)
            break
        k=k-1
    else:
        print(a,'是素数')
        a=int(input('请输入一个大于 1 的自然数(0 表示结束):'))

print("方法 2: 本程序检验一个数是不是素数(从 2 到 sqrt(a))。")
from math import sqrt
m=eval(input('请输入一个大于 1 的自然数(0 表示结束):'))
while(m!=0):
    k=int(sqrt(m+ 1))
    for i in range(2,k+ 1):
        if m%i==0:
            print(m,'不是素数,有因子',i)
            break
    else:
        print(m,'是素数')
    m=eval(input('请输入一个大于 1 的自然数(0 表示结束):'))
```

运行结果如下:

```
方法 1:本程序检验一个数是不是素数(从 a/2 到 2)。
请输入一个大于 1 的自然数(0 表示结束):23
23 是素数
请输入一个大于 1 的自然数(0 表示结束):25
25 不是素数,有因子 5
请输入一个大于 1 的自然数(0 表示结束):0
方法 2:本程序检验一个数是不是素数(从 2 到 sqrt(a))
请输入一个大于 1 的自然数(0 表示结束):23
23 是素数
请输入一个大于 1 的自然数(0 表示结束):25
25 不是素数,有因子 5
请输入一个大于 1 的自然数(0 表示结束):0
```

2. 系统设计

数学完成了现实世界的符号化问题,进一步形成了问题的数学模型;而计算思维则建立了系统的可计算模型，使得数学模型转化为信息系统模型，进而可以由计算机来实现系统。

在解决任何一个复杂系统问题时，都需要进行系统设计，即确定系统的逻辑模型和功能需求。无论是港口作业调度系统还是飞行控制系统的设计，都可以借助计算思维去提升系统设计水平。

3. 人类行为理解

1985 年 ACM 图灵奖获得者理查德·卡普（Richard Karp）认为，自然问题和社会问题本身都蕴含了大量的基于计算科学的演化规律，这些演化规律伴随着物质、能量、信息等方面的许多变换。如果人类能够正确提取这些变换，并通过可计算的方式描述出来，就可以利用计算机进行处理，这就是基于计算思维解决自然和社会问题的基本原理。

例如，在网上购物时，商品推荐系统会向用户推荐其可能感兴趣的信息和商品，帮助用户决定应该购买什么产品，为用户购物提供个性化的决策支持和信息服务。这种个性化推荐系统基于用户的信息需求、兴趣和购买行为等，研究用户的兴趣偏好，进行个性化计算，由系统挖掘用户的兴趣点，从而引导用户发现自己的信息需求。

因此，计算思维不仅能够反映人类思维活动，还能够通过计算手段研究人类的行为，即通过各种信息技术手段设计、实施和评估人与环境之间的交互。例如，通过计算发现车流变化规律，控制信号灯，解决交通拥堵的问题；通过社交网络模型研究互联网信息的传播；通过用户的搜索记录预测及验证流感发病率的模型；在自动驾驶领域，通过深度学习进行周边车辆、行人与自行车行为预测；等等。

2.3.1 计算思维的特性

计算思维的特性如下。

（1）计算思维是人的思维，而非计算机或其他计算设备的思维。

计算思维是用人的思维驾驭以计算设备为核心的技术工具来解决问题的一种思维方式，它以人的思维为主要源泉，而计算设备仅仅是计算运行问题求解的一种必要的物质基础。所以，计算思维是人在解决问题的过程中所反映的思想、方法，并不是计算机或其他计算设备的思维。

（2）计算思维具有双向运动性。

计算思维属于思维的一种，具有归纳和演绎的双向运动性。但是，计算思维中的归纳和演绎更多地表现为抽象和分解。抽象是将待解决的问题进行符号标识或系统建模的一种思维过程,算法便是抽象的典型代表;而分解是将复杂问题合理分解为若干待解决的小问题,各个击破,进而解决整个问题的一种思维过程。

(3) 计算思维具有可计算性。

计算思维具有明显的计算机学科所独有的可计算性。

计算是指依据一定法则对有关符号串进行变换的过程,即从已有的符号开始,一步一步地改变符号串,经过有限步骤,最终得到一个满足预定条件的符号串。基于此,可以说计算的本质就是递归。

2.3.2 计算思维的本质

计算思维的本质是抽象(abstraction)和自动化(automation)。

1. 抽象

抽象思维是对同类事物去除其现象的次要方面,抽取其共同的主要方面,从个别中把握一般,从现象中把握本质的认知过程和思维方法。

在计算思维中,抽象思维最重要的用途是产生各种各样的系统模型,作为解决问题的基础,因此建模是抽象思维更深入的认识行为。

简言之,计算思维是在不同层面进行抽象,并将这些抽象机器化的思维方法。

在计算机科学中,抽象思维具有科学抽象的一般过程和方法:分离→提纯→区分→命名→约简。

- 分离即暂时不考虑事物(研究对象)与其他事物的总体联系。任何一种对象总是处于与其他事物千丝万缕的联系之中,是复杂整体的一部分。但任何具体的科学研究都不可能对事物间各种各样的关系全部加以考察,必须将研究对象临时分离出来。
- 提纯就是观察、分析分离出来的现实事物,从共性中寻找差异,从差异中寻找共性,提取出淹没在各种现象和差异中的共性要素。
- 区分即对研究对象各方面的要素进行比较,并确定研究对象的差异。
- 命名即对每个需要区分的要素赋予恰当的名称,以反映区分的结果。命名体现了抽象化是现实事物的概念化这一特点,以概念的形式命名和区分各要素。
- 约简就是去除非本质要素,以简略的形式(如模型)表达已区分和命名的要素及其之间的关系,形成抽象化的最终结果。

在日常生活中,人们经常要使用家用电器。以微波炉为例,使用微波炉的人无须深入了解微波炉的加热原理、电路通断的控制、计时器的使用等技术问题,但这不意味着人们不能加热食品;那些复杂难懂的理论及控制系统由专家和技术人员负责处理。他们将电器元件封装起来,复杂的理论被简化成说明书上通俗易懂的操作步骤。微波、控制电路原理是一般人无法掌握的。然而,当那些电路的通断、产生的现象被抽象为功能以后,就可以仅凭相应的按钮去操作,并且可以预见它产生的结果。

通过抽象,复杂的问题被转化为可解决的问题。所有可能用到的程序都被提前存储起来。操作者的指令通过按钮转化为信号,从而调用程序执行,自动地控制电路的通断、微波的强弱,最后将信号转化为热量。

计算思维采用了抽象和分解来应对复杂的任务。计算思维选择合适的方式去陈述一个问题,或者对一个问题的相关方面进行建模,使其易于处理。

2. 自动化

自动化可从自动执行和自动控制两方面来考察。

1) 自动执行

自动化首先体现为自动执行,即预先设计好的程序或系统可自动运行。这需要一组预定义的指令及预定义的执行顺序,一旦执行,这组指令就可根据安排自动完成特定任务。这源自冯·诺依曼提出的"存储程序"的计算机体系结构,在电子计算机时代一直被采用。

2) 自动控制

人机交互并非总是线性的,往往因时而变,程序应能随时响应用户的需要。面向对象程序设计方法提出了事件驱动机制,即"触发-响应"机制:程序通过事件接收用户发出的指令或响应系统环境的变化。例如,对屏幕元素"按钮"来说,"单击鼠标"是"按钮"的一个事件;对屏幕元素"文本框"来说,"按键"是"文本框"对象的事件,"内容改变"也是一个事件。当然,触发事件不一定是行为,也可能是系统环境的变化(如时钟)。在程序中,每类对象对其可能发生的事件都有对应的事件处理程序,特定事件的发生将触发相应的事件处理程序的执行,这个过程称为"事件驱动"。在现实生活中,由于人类意识和行为的复杂性,有刺激并不一定有外显的反应产生;在计算机中,"触发-响应"也不一定是纯"机械"的,自动控制及智能控制的发展使得系统的事件触发机制更加智能化、人性化。

自动控制是按规定程序对机器或装置进行自动操作或控制的过程,其基本思想源自控制论。具体而言,自动控制是在无人直接参与的情况下,利用外加设备装置(即控制装置或控制器),使机器设备(统称为被控对象)的某个工作状态或参数(即被控制量)自动按照预定规律运行。例如,一个装置能自动接收测得的过程物理变量(如通过传感器获得外界的温度、湿度数据),进行自动计算,对过程进行自动调节(如增温、除湿)。

20世纪80年代以来,随着人工智能技术的发展,自动控制开始走向智能控制。智能控制是指不需要人的干预,能够独立驱动智能机器自主实现其目标的过程,即智能化的自动控制。自动控制不仅体现在计算机程序中,在社会事物的处理方面也不鲜见。例如,广泛建立的应急预案就是针对特定事件的发生而自动执行的快速反应机制。自动化技术的发展有利于将人类从复杂、耗时、烦琐、机械、危险的劳动环境中解放出来,并大大提高工作效率。尤其在诸多智能产品走进日常生活的当下,自动化技术正改变人们的生产、生活和学习方式,也正改变着人们的思维方式。理解自动化的必要性,实现自动执行和自动控制的基本思想方法,能够辨识自动化的限度,理解人类在自动执行和控制系统中的功能和价值,将有助于大众消除对高科技产品的神秘感,也是人类在高科技面前保持人类自信本质的基石。这种思维能力必将成为新时代大众的重要素养之一。

抽象指将待解决的问题用特定的符号语言标识并使其形式化,从而达到机械执行的目的(即自动化)。自动化就是自动执行的过程,它要求被自动执行的对象一定是抽象的、形式化的,只有抽象、形式化的对象经过计算后才能被自动执行。由此可见,抽象与自动化是相互影响、彼此共生的。

2.4 0和1思维

有一副关于程序员生活的对联。上联是“111111111”,下联是“000000000”,横批是“Hello World!”。

这是一副突显IT行业特色的对联,寓意有二:一是表明计算机的“基因”就是0和1,即计算机内部只能使用二进制数;二是表明世界上的第一个程序就是在计算机屏幕上输出“Hello World!”这行字符串的计算机程序,它是由加拿大计算机科学家Brian Kernighan编写的。它代表了程序员最初的梦想——改变世界和拥抱世界的博大胸怀(见图2.3)。

图2.3 程序员的对联

在计算机中,数据是描述客观事物的符号,是计算机中可以操作的对象,是能被计算机识别、存储并能被程序处理的符号集合。计算机中的数据需要满足两个基本条件：一是可以通过某种手段输入计算机；二是能被计算机存储和处理。

数据在计算机中有数值型和非数值型两种表示形式。

非数值型数据包括字符、字符串、图形、图像、声音、视频等。不同类型的信息有不同的编码方式，但是它们都要经过数字化处理，即将它们转换成0和1组成的二进制编码，才能被计算机存储、传输和处理。其过程是：先将非数值型数据的连续的模拟量通过采样切分成一个个离散的点，然后用二进制表示这些点的值，最后将这些离散点所对应的二进制编码依次存储在一个文件中，这样就形成了数字化的数据，这个过程就是对象的离散化。

例如，在屏幕上显示一张图片时，必须将图片分解成像素点(如图2.4所示)；然后每个像素点用3字节(24位)的二进制数表示，每一字节分别表示红、绿、蓝的色值(每种颜色分解为0～255个色值)，这时就获得了所有像素点的离散化数字，这些离散化数字就构成了图像文件。

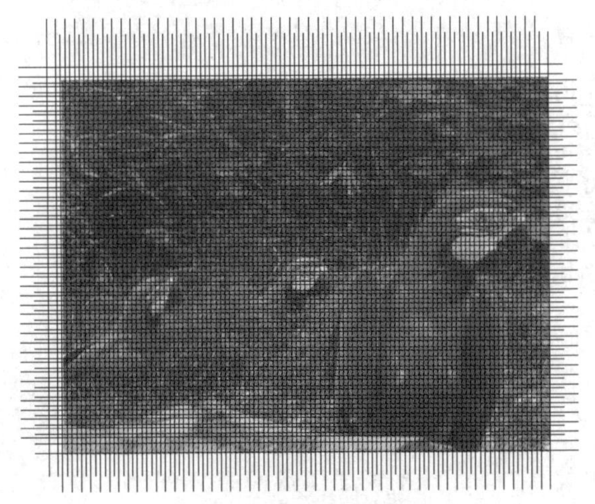

图2.4 图像信息的数字化

现实世界的各种信息都需要被转换成0和1，才能在计算机中处理；反过来也可以将0和1转换成各种满足人们现实世界需要的信息。通过转换成0和1，各种运算就转换成了逻辑运算，逻辑运算可以方便地使用计算机中的晶体管等器件来实现，即0和1是计算机软件和硬件的纽带。任何事物只要能够表示成信息，就能够被表示成0和1，也就能够被计算机处理。

计算机存储容量都是2的整数次幂，以方便计算。图2.5是程序员借钱时的对话。

图 2.5　程序员借钱

0 和 1 在人们的生活中处处可见。例如，人们经常使用手机扫描的各种二维码就是使用若干与二进制数 0 和 1 相对应的几何图形来表示文字信息，然后通过图像输入设备或光电扫描设备自动识读，以实现信息的自动处理。

【扫一扫】

请你扫一扫图 2.6 所示的二维码，看看会出现什么？

目前常见的二维码为 QR 码(Quick Response code，快速反应码)，它比传统的条形码能存储更多的信息，也能表示更多的数据类型。

图 2.6　二维码示例

二维码是怎么表达信息的呢？二维码是由黑白两种方块组合而成的方阵，不同的二维码其方阵不同。在方阵的相应元素位置上用黑块表示二进制 1，用白块表示二进制 0，黑块和白块的排列组成代码，表示不同的意义。二维码除了能够存储多种类型的信息外，还具备纠错功能，即使二维码有一部分被覆盖或污损，扫描设备依然能够识别出其记录的完整信息。

在搜索引擎中搜索“二维码生成器”，就可以方便地生成自己需要的二维码。

2.5　计算机系统中的计算思维

2.5.1　硬件系统中的计算思维

计算机硬件系统最基本的操作是计算、存储和传输。硬件系统中计算思维的重要应用如下。

1. 结构化思维

硬件系统是用低复杂度的芯片电路组合成高复杂度的芯片，随着芯片的逐渐组合，功能也越来越强。这种层次化、构造化、结构化方法是一种重要的计算思维。

2. 抽象

冯·诺依曼体系结构是对现代计算机体系结构的一种抽象。采用该体系结构的计算机由控制器、运算器、存储器、输入设备、输出设备5部分组成。该体系结构屏蔽了实现上的诸多细节，明确了现代计算应该具备的重要组成部分及各部分之间的关系，是计算机系统的抽象模型，为现代计算机的研制奠定了基础。

3. 并行

并行是一种重要的计算思维。高速公路收费站管理就体现了并行思维。在车流量大的高峰阶段，收费站开通多个通道以提高服务的并行度，减少车辆通行的等待时间；而在车流量较小的时候，会通过关闭一些通道以降低服务的并行度，同时减少自身的运营成本。

在计算机系统的设计中，有很多运用并行技术提高系统效率的例子。例如，多核处理器技术就是从空间的角度通过硬件的冗余让不同的计算器并发执行不同的任务，体现了运用并行思维解决问题的方法。

计算机集群简称集群，它将多台计算机通过集群软件和局域网连接在一起，高度紧密地协同完成并行计算任务。在某种意义上，计算机集群可以被看作一台“超级计算机”。计算机集群采用了以空间换时间的并行思维。

4. 缓存

缓存也是一种重要的计算思维。缓存是将未来可能用到的数据存放在高效存储区域中，使得将来用到这些数据时能够迅速得到它们。

CPU存取指令和数据时访问的存储单元趋向于聚集在一个较小的连续区域中，这是因为计算机系统具有程序的局部性，它包含两方面的含义：时间局部性和空间局部性。时间局部性是指如果一个信息项正在被访问，那么近期很可能还会被再次访问；空间局部性是指在最近的将来用到的信息很可能与现在正在使用的信息在地址空间上是邻近的。因此，在时间和空间上程序总是趋向于使用最近使用过的数据和指令，其访问行为不是随机的，而是相对集中的。

根据程序的局部性原理，在计算机系统中采取了层次性的存储体系，包括高速缓存、内存、外存等。高速缓存的访问速度最快，容量最小，成本最高；外存的访问速度最慢，容量最大，成本最低；内存的访问速度、容量和成本介于高速缓存和外存之间。计算机系统充分利用了局部性原理，提高系统在高速缓存中命中数据的可能性，从而以较多的低速、大容量的存储器配合较少的高速缓存，在存储容量、访问速度和成本上获得了较好的平衡。

在生活和工作中也有类似的例子。例如，学生上学时，在书包中通常只放当天上课需要的教材，而不需要把所有教材都带上；办公桌上总是放着最常用或刚刚用过的物品，而长时间不用的物品会转移到办公桌外的其他地方。这些都是通过"缓存"提高效率的例子。

2.5.2 软件系统中的计算思维

1. 使用计算机进行问题求解的方式

在人类社会中，一般问题的求解可以归纳为 4 个主要步骤：分析和确定问题、制订计划与方案、执行计划与方案、评估与反思。

计算机软件系统可以模拟人类的行为和思维特征，可以演绎人类解决各类问题的思想和方法，从而完成各种各样的功能。

人类使用计算机进行问题求解的方式主要有交互方式和程序方式两类。交互方式是人直接使用计算机，是最基本的方式，也称为人机对话式；程序方式是人通过程序间接使用计算机，是人类使用计算机的高级方式。

有些问题可以通过简单的人机交互(或称人机对话)来完成。例如，通过选择一个菜单项或单击一个命令按钮进行命令式人机交互。有些问题必须首先把问题求解的过程用程序化的方式表示出来，建立模型、设计算法，然后用计算机语言编程实现。交互方式和程序方式很类似于人类社会中的交谈和写作。人与人之间的交谈用简单的语言就可以完成，而写作要求语法规范、语义清晰。

为深刻理解和快速掌握软件的相关概念及其操作，系统软件的学习应从计算机硬件系统入手，应用软件的学习应从系统软件入手。

软件的设计与开发是从特殊到一般的抽象和归纳思维，而软件的应用是从一般到特殊的具体化和演绎思维。

2. 操作系统中的计算思维

操作系统的产生和使用充分体现了计算思维中的抽象和分解的方法。操作系统提供的四大功能(进程管理、内存管理、文件管理、设备管理)用于对硬件所涉及的庞大而复杂的工作进行有效控制和管理，起到了硬件和用户之间沟通的桥梁作用。

下面对操作系统的四大功能和主要机制中体现的计算思维方法进行简要

分析。

1）进程管理

操作系统对进程的管理采用多道程序并行处理的方式，宏观上多个程序同时执行，微观上各个程序轮流占用CPU交替执行（串行），大大提高了系统的资源利用率。

2）内存管理

内存管理是指软件运行时对计算机内存资源的分配和使用的技术，其主要目的是高效、快速地分配内存资源，并在适当的时候释放和回收内存资源。

内存管理主要用到了预制和缓存技术，这也是重要的计算思维方法。

3）文件管理

文件管理是对文件的存储空间进行分配和回收。文件管理的设计运用了存储、检索、共享、保护等多种计算思维方法，从而实现了信息的有效管理和快速存取。

4）设备管理

设备管理是对硬件设备的管理，包括对输入输出设备的分配、启动、完成和回收。计算机中的设备种类繁多、千差万别，所以编写设备驱动程序时，充分采取了抽象、化简、统一的计算思维方法，尽可能实现驱动程序的通用性以及程序与设备的无关性。在缓冲管理方面用到的缓冲技术也是计算思维的一个重要方法。许多操作系统都通过设置缓冲区来缓解CPU和输入输出设备速度不匹配的矛盾，从而提高CPU和输入输出设备的利用率，提高系统吞吐量。

5）操作系统自身的管理和控制

操作系统作为最基本的系统软件，是计算机硬件系统和软件系统（包括系统软件和应用软件）的组织者和管理者，因此，操作系统作为软件也要受到其自身的管理和控制。这是不是和下面的童谣很相似？“从前有座山，山里有座庙，庙里有个老和尚讲故事。讲的什么呢？从前有座山，山里有座庙，庙里有个老和尚讲故事……”，这就是著名的递归思维，即整体由局部组成，局部又可以作为整体。在日常生活中，递归一词常用于描述以自相似方法重复执行的过程。例如，当两面镜子相对时，镜中的图像是以无限递归的形式嵌套出现的。想一想，还有哪些计算机应用体现了递归思维呢？

6）树形目录结构与资源管理

在Windows中常常利用资源管理器和“此电脑”进行信息资源管理。在查看和显示目录信息时，用到了树形目录结构。利用树形目录结构进行资源管理是计算机中的一个重要思想，一般地，涉及资源管理的操作都会使用树形结构。这里使用了计算思维中的分解这一典型方法。

树形结构的设计思想在人们日常生活中也常常用来进行信息的分类组织。例如，表示一个单位机构的层次结构等。另外，在树形目录结构中，随着当前盘和当前文件夹的转换，也就是当前视点的转换，是不是感受到了一种层次化、结构性的思维跳跃？这是计算机学科的一个重要思维特征，例如网络域名管理、面向对象的分析与设计方法中的类及其继承体系的应用、Java 中的包管理及引用、程序三大结构的理解、网络规划与设计等。

7）信息共享机制

Windows 提供了多种信息共享机制，使应用程序能够迅速而方便地共享信息，这些机制包括剪贴板、对象连接与嵌入、动态数据交换等。

剪贴板是由操作系统维护的一块内存区域，是在 Windows 程序和文件之间传递信息的临时存储区，可以存储正文、图像、声音等多种多样的信息，可以实现不同应用程序间的信息交换。

对象连接与嵌入（Object Linking and Embedding，OLE）技术可以用来创建复合文档，复合文档可以由来源于不同应用程序的文件组成，包含不同类型的数据，可以把文字、表格、声音、图像、视频、应用程序等组合在一起。OLE 是一种面向对象的技术，对象被赋予了智能属性，即参与连接和嵌入的对象本身带有计算机指令。当然，这也导致复合文档具有明显的缺点：操作执行缓慢而且文档庞大。

动态数据交换（Dynamic Data Exchange，DDE）是一种允许数据在程序间共享或者通信的技术，可以用来协调操作系统的应用程序之间的数据交换及命令调用。

8）恢复机制——回收站

“回收站”是计算机硬盘中的一个名为 Recycled 的文件夹，用于存放被删除的文件、文件夹和快捷方式等对象，处于不可用状态。回收站中的对象仍然占用磁盘空间，可以恢复。这是一种通过纠错方式，在最坏情况下进行预防、保护和恢复的思维，是一种常用的工程思维方法。在进行软件设计时，应对可能发生的种种错误和故障采取措施。软件是很脆弱的，很可能因为一个微小的错误而引发严重的后果，所以必须设计恢复机制。

想一想，在常见的工程设计中，哪些设计属于“回收站”式的工程思维下的产物呢？

通过了解计算机学科独特的思维方式，能够为创新性地解决生活和工作中的问题奠定基础，形成可持续发展的计算机技术应用能力。

2.6 算法思维

作为一项有几千年历史的人类智力游戏，围棋被视为世界上最复杂的棋类游戏，这种古老的中国游戏也一直被视为对人工智能技术的巨大挑战。然而，随着2016年3月15日下午的人机大战落下帷幕，人工智能机器人AlphaGo以4∶1击败围棋世界冠军李世石，这座"人类智慧最后的堡垒"也被攻破了，这是人类顶尖围棋选手第一次输给计算机。

AlphaGo是怎么战胜李世石的？

AlphaGo的胜利是深度学习的胜利，是算法的胜利。所以有人说"得算法者得天下"。算法是计算机科学的魅力之一。鼠标的每一次点击，在手机上完成的每一次购物，天上飞的卫星，水下游弋的潜艇……人类的世界正是建立在算法之上的。未来的世界也将建立在算法之上。

计算机语言和开发平台日新月异，但万变不离其宗的是数据结构、算法、编译原理、计算机体系结构、关系型数据库原理等理论。

计算思维的本质之一——自动化体现为程序的机械式执行，而它的实现则依赖于完备的算法。算法思维具有非常鲜明的计算机科学特征。

算法思维是使用算法来解决问题的方法，是编写计算机程序时要用到的核心技术。

2.6.1 算法的概念

1976年，瑞士苏黎世联邦工业大学的科学家沃斯(Niklaus Wirth，1934—，Pascal语言的发明者，1984年图灵奖获得者)出版了一部专著，其中提出了一个影响深远的公式："程序＝算法＋数据结构"(Algorithms＋Data Structures＝Programs)，这一公式表明程序是由算法和数据结构有机结合构成的。程序是完成某一任务的指令或语句的有序集合；数据是程序处理的对象和结果。数据结构将在2.7.1节介绍。就像写文章一样，文章＝材料＋构思，构思是文章的灵魂；在程序设计中，算法是程序的灵魂，也是计算的灵魂，在计算思维中占有重要地位。

1. 什么是算法

做任何事情都有一定的步骤。例如，学生考大学，首先要填写报名表，交报名费，打印准考证，然后参加高考，收到录取通知书后到指定大学报到。又如，网上预订火车票的步骤如下：第一步，访问中国铁路12306网站，下载根证书并安装到计算机上；第二步，在12306网站注册个人信息，注册完毕，到信箱里点击链接，激活注册用户；第三步，进行车票查询；第四步，进入订票页面，提交订单，通过网上银行进行支付；第五步，凭乘车人有效身份证到火车站的售票窗口、自动售票机或铁路客票代售点办理取票手续，也可以持有效身份证直接登车。

人们从事各种工作和活动，都必须事先想好进行的步骤，这种为解决一个确定的问题而采取的方法和步骤称为算法(algorithm)。算法规定了任务执行或问题求解的一系列步骤。在日常生活中，菜谱可以视为做菜的“算法”，歌谱可以视为演唱一首歌曲的“算法”，洗衣机说明书可以视为洗衣机使用的“算法”，等等。

计算的目的是解决问题，而在问题求解过程中采取的方法、思路和步骤则是算法。算法是计算机科学中的重要内容，也是程序设计的灵魂。计算是算法的具体实现，类似于前台运行的程序；而算法是计算的依据，它更像后台执行的进程。由此可见，计算与算法是密不可分的。

算法不仅是计算机科学的一部分，更是计算机科学的核心。计算机算法能够帮助人类解决很多问题，例如，确定构成人类DNA的30亿种基因序列，快速地访问和检索互联网数据，在电子商务活动中对各种信息进行加密及签名，在制造业中对各种资源进行有效分配，确定地图中两地之间的最短路径，完成各种数学运算(矩阵、方程、集合)，等等。

谷歌搜索引擎的核心技术是算法。谷歌算法始于PageRank算法，它是1997年拉里·佩奇(Larry Page)在斯坦福大学攻读博士学位时开发的。佩奇的创新性想法是：把整个互联网复制到本地数据库，然后对网页上的所有链接进行分析，基于链接的数量和重要性以及网页的受欢迎程度进行评级，也就是通过网民的集体智慧确定哪些网站最有价值。

2. 算法的分类

广义的算法可分为以下3类。

(1) 生活算法。是人们完成某一项工作的方法和步骤。

(2) 数学算法。是对一类数学问题的机械的、统一的求解方法，如求一元二次方程的解、求圆面积、求立方体的体积等。

(3) 计算机算法。对运用计算思维设计的问题求解方案的精确描述，即具有有限、确定、有效等特点并适合用计算机程序来实现的解决问题的方法。例如，在玩扑克的时候，如果要求同花色的牌放在一起而且按点数排序，人们一般都会边抓牌边把每张牌插入合适的位置，等把牌抓完了，手中的牌的顺序也排好了。这是人们生活中排序的过程,是一种生活算法。把这个生活算法转化成计算机算法,称为插入排序算法。

计算机算法可以分为数值计算算法和非数值计算算法两大类。

(1) 数值计算算法。数值计算主要用于科学计算。各类数学模型都设计了很多行之有效的算法。例如,方程式求根可以使用二分法、迭代法和牛顿法,解线性方程组可以使用消元法和迭代法,等等。在数值计算算法中使用的数据结构比较简单,通常使用变量和数组。

(2) 非数值计算算法。非数值计算常用于数据管理、实时控制以及人工智能等应用领域,例如按姓名排序、图书检索、人事管理、车辆调度、搜索引擎等。通常在这类算法中处于主导地位的是逻辑判断。

现在有很多成熟的数值计算算法,程序员可以直接调用这些算法。非数值计算算法则只有典型的算法策略,例如查找算法、排序算法等,应用这类算法时,需要程序员根据具体问题自行设计适合的算法和数据结构。

3. 计算机算法的特征

一个计算机算法应该具有以下 5 个重要的特征。

(1) 确定性。算法的每一个步骤必须有明确的定义,不能有二义性。

(2) 可行性。算法中执行的任何计算步骤都可以被分解为可执行的基本操作步骤,每个计算步骤都可以在有限时间内完成(也称为有效性)。

(3) 有输入。算法要输入,以刻画运算对象的初始情况。有些算法本身设定了初始条件,在执行时就不需要输入数据。

(4) 有输出。算法要有输出,以反映对输入数据进行加工的结果。没有输出的算法是毫无意义的。

(5) 有穷性。算法必须保证执行有限步后结束。

生活算法或者数学算法都就可以转换成计算机算法,充分利用计算机的高速度、大存储容量、自动化的特点来帮助人类解决现实世界中的问题。

2.6.2 算法的设计与分析

1. 问题求解的步骤

人类具有以绘画语言、文字语言进行思维的能力。要利用计算机进行问题求解,就必须在此基础上把握人类的自然语言与计算机程序设计语言的共性与个性,掌握计算机程序设计语言的特点,具备利用计算机程序语言思维、描述和解决问题的能力。

人类解决问题的过程是：首先从大脑中搜索已有的知识和经验，寻找它们与问题之间的关联，将一个未知问题转化成一个或多个已知问题进行求解，最后综合起来得到原始问题的解决方案。让计算机解决问题也是如此。

运用计算思维进行问题求解一般要经过以下 4 个步骤。

(1) 建立现实问题的数学模型。

首先要让计算机理解问题是什么，这就需要建立现实问题的数学模型。前面提到，在计算思维中，抽象思维最重要的用途是产生各种各样的系统模型，作为解决问题的基础，因此建模是抽象思维更为深入的认识行为。

根据模型能否被计算机自动执行，可将模型分为两大类。

一类是数学模型，即用数学表达式描述系统的内在规律，它通常是模型的形式化表达。所有数学模型均可转化为计算机的算法和程序。

另一类是非形式化的概念模型和功能模型，这类模型说明了模型的本质而非细节。

无论哪一类模型，均有如下特征：模型是对系统的抽象；模型由说明系统本质或特征的诸因素构成；模型集中表明系统因素之间的相互关系。故建模过程本质上是对系统输入、输出状态变量以及它们之间的关系进行抽象，只不过上述内容在不同类型的模型中表现不同。例如，在数学模型中表现为函数关系，在非形式化模型中表现为概念、功能的结构关系或因果关系。正因为不同模型描述的关系各异，所以建模手段和方法较为多样。例如，可以通过对系统本身运动规律的分析，根据事物的机理来建模；也可以通过对系统的实验或统计数据的处理，结合已有的知识和经验来建模；还可以同时使用多种方法建模。

近年来，随着大数据技术的蓬勃发展，学习模型引起了人们的关注和重视。学习模型通过对于大量数据的训练或者分析输出相应的结论。常见的学习模型有支持向量机(Support Vector Machine，SVM)、人工神经网络(Artificial Neural Network，ANN)、聚类分析(Cluster Analysis，CA)、*k*-近邻(*k*-Nearest Neighbor，*k*-NN)等。不同的模型有不同的获取结论的理论和方法。机器学习是利用学习模型获取结论的方法。机器学习典型的例子是 AlphaGo。尽管学习模型的结构和算法都是人们事先给定的，但是在通过大量的训练之后，人们已经无法对学习模型的行为进行预测。这种不确定性正是学习模型的特殊之处。

计算机建模有广泛的用途。可用于预测实际系统某些状态的未来发展趋势，如在天气预报中根据测量数据建立气象变化模型；也可用于分析和设计实际系统，这属于系统仿真的一种类型；还可实现对系统的最优控制，即在建模基础上通过修改相关参数获取最佳的系统运行状态和控制指标，这属于系统仿真的另外一种类型。计算机建模不仅适用于物理系统,也同样适用于社会系统。复杂社会系统的建模思想已应用于金融、生产管理、交通、物流、生态等多个领域的建模和分析。计算机建模的应用之所以变得如此广泛和重要,计算思维功不可没。有人认为,建模是科学研究的根本,科学的进展过程主要是通过形成假说,然后系统地按照建模过程对假说进行验证和确认取得的。

(2) 模型映射。

模型映射是指将数学模型中的变量和规则用特定的符号表示,完成输入输出。输入是将以自然语言或人类能够理解的其他表达方式描述的问题转换为数学模型中的数据,输出是将数学模型的运算结果转换成自然语言或人类能够理解的其他表达方式。

(3) 算法设计、分析与实现。

算法设计的任务是设计一系列对数学模型中的数据进行操作和转换的步骤,使其能得出最终结果。算法分析的任务是分析算法的时间复杂度和空间复杂度,从而找出解决问题的最优算法,提高效率。算法实现的任务是将最优算法用特定的计算机语言进行描述,即把解题思路变成计算机程序。

(4) 执行程序。

计算机自动执行程序中的指令,解决问题。

2. 数学建模

下面介绍数学建模。建立问题的数学模型并用计算机求解数学模型是当代大学生必备的能力。

数学建模是运用数学的语言和方法,通过抽象、简化,建立对问题进行精确描述和定义的数学模型。简单地说,数学建模就是抽象出问题,并用数学语言进行形式化描述。

数学模型、输入输出方法和算法步骤是编写计算机程序的三大关键内容。对于非常复杂的问题,建立数学模型是非常困难的;对于简单的问题,建立数学模型的主要工作是设计合适的数据结构。

一些非数值计算问题在数字化后就可以方便地进行算法设计了。

如果研究的问题不具有一般性,例如人们一天做事情的顺序,因为每天要做的事情都不一样,就没有必要建立模型;如果研究的问题具有一般性,就有必要分析问题的抽象性质,为这类问题建立数学模型。模型是一类问题的解题步骤,即一类问题的算法。广义的算法就是做事情的次序。算法提供解决一类问题的通用方法。

【国际会议安排座位问题】

现要举行一次国际会议，有很多来自不同国家的参会者。为使问题简单，假设有7位参会者，如图2.7所示，将这7位参会者分别用 a、b、c、d、e、f、g 表示。已知下列事实：a 会说英语；b 会说英语和汉语；c 会说英语、意大利语和俄语；d 会说日语和汉语；e 会说德语和意大利语；f 会说法语、日语和俄语；g 会说法语和德语。

图 2.7　国际会议安排座位问题

这7位参会者要围着圆桌而坐。如何安排座位，才能使每个人都能和其邻座顺利地交谈？

解：这个问题可以转化为图的形式，建立一个用图表示的模型，将每个人抽象为一个顶点，人和人的关系用顶点间的关系——边来表示，于是得到结点集合 $V=\{a, b, c, d, e, f, g\}$。对于任意的两个顶点，若这两个顶点代表的参会者会同一种语言，就在这两个顶点之间连一条无向边，可得边的集合 $E=\{ab, ac, bc, bd, df, cf, ce, fg, eg\}$，图 $G=\{V, E\}$，如图2.8所示。

这时，问题就转化为在图 G 中找到一条哈密顿回路的问题。

哈密顿图(Hamiltonian graph)是一个无向图，由英国数学家、物理学家哈密顿(William Rowan Hamilton，1805—1865)提出。哈密顿回路(Hamiltonian cycle)是指从图中的任意一点出发，经过图中每一个顶点一次且仅经过一次所构成的回路。这样，便从图中得出 $abdfgeca$ 是一条哈密顿回路，照此顺序安排座位即可满足问题要求，如图2.9所示。

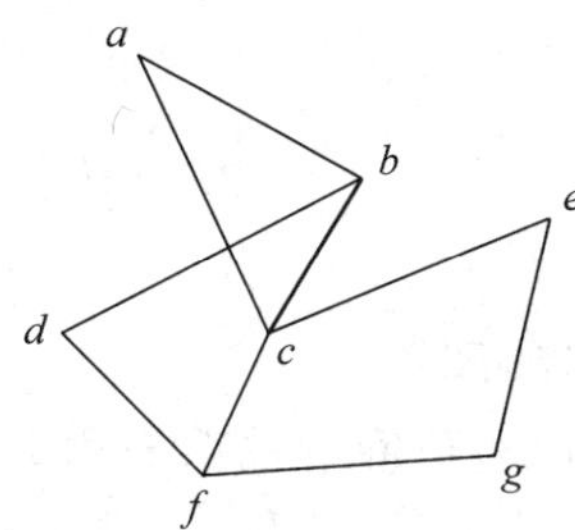

图 2.8 国际会议安排座位问题的图模型

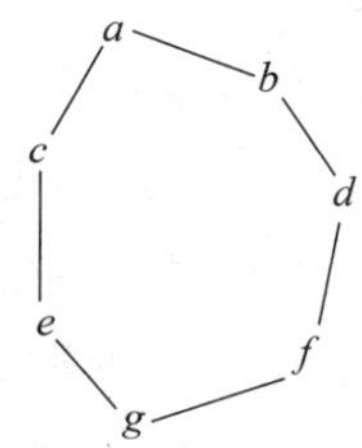

图 2.9 国际会议安排座位问题的哈密顿回路

【警察抓小偷】

警察局抓了 A,B,C,D 四名偷窃嫌疑犯,其中只有一人是小偷。审问记录如下(图 2.10)。

A 说:“我不是小偷。”

B 说:“C 是小偷。”

C 说:“小偷肯定是 D。”

D 说:“C 在冤枉人。”

图 2.10 4 名嫌疑人的陈述

已知:在 4 个人中,有 3 个人说的是真话,有一个人说的是假话。请问:到底谁是小偷?

问题分析:假设变量 x 代表小偷。

审问记录的 4 句话,以及“4 个人中 3 人说的是真话,1 人说的是假话”分别翻译成计算机的形式化语言如下:

a 说:$x \neq$'a'

b 说:$x =$'c'

c 说:$x =$'d'

d 说:$x \neq$'d'

4 个逻辑式的值之和为:$1+1+1+0=3$

使用自然语言描述的算法如下：

(1) 初始化：x＝'a'；

(2) x 从'a'循环到'd'；

(3) 对于每一个 x，依次进行检验：如果(x≠'a')＋(x＝'c')＋(x＝'d')＋(x≠'d')的和为3，则输出结果并退出循环，否则继续下一次循环。

可见，数学建模的实质是：提取操作对象→找出对象间的关系→用数学语言进行描述。

2.6.3 常用的算法设计策略

掌握一些常用的算法设计策略，有助于问题求解时快速找到有效的算法。这里介绍4种常用算法设计策略。

1. 枚举法

【辣椒粥】

在电影《战国》中，孙膑带着齐国的军队打仗，半路上收留了几百个灾民。齐国的情报系统告诉孙膑，灾民中有敌国奸细。仓促之间，如何判断谁才是敌人呢？孙膑心生一计，嘱咐手下人煮粥，并在粥里加了很多辣椒。这种味道的粥，一般人是不肯喝的；但真正的灾民就不一样了，都快饿死了，谁还敢挑食？下属纷纷称赞军师神算。

这个例子中，真假灾民都被安排依次喝辣椒粥，可以通过一一观察他们喝粥时的表现判断是真灾民还是假灾民。这个策略体现了一种常用的计算机算法——枚举法。

再如，10把钥匙中只有一把是正确的，如果一把一把地依次试一下，最后总能开锁。这也是枚举法的应用。

枚举法的基本思路是：对于要解决的问题，列举出它的所有可能的情况，逐个判断有哪些符合问题所要求的条件，从而得到问题的解。简单地说，枚举法就是按问题本身的性质一一列举出该问题所有可能的解，并在逐一列举的过程中检验每个可能的解是否问题的真正解。若是，则采纳这个解；否则抛弃它。在列举的过程中，既不能遗漏，也不应重复。

枚举法常用于密码的破译，即将密码进行逐个推算，直到找出真正的密码为止。例如，一个已知是4位并且全部由数字组成的密码，其可能共有10 000种组合，因此最多尝试10 000次就能找到正确的密码。理论上利用这种方法可以破解任何一种密码，问题只在于如何缩短破解时间。

【找出符合要求的数】

写出“求1～1000中所有能被17整除的数”这一问题的算法。

解：这类问题可以使用枚举法，对1～1000中的每个数进行检验。

自然语言描述的算法步骤如下：

(1) 初始化：$x=1$。

(2) x从1循环到1000。

(3) 对于每一个x依次进行检验。如果它能被17整除，就打印输出该数；否则继续检验下一个数。

(4) 重复第(2)、(3)步，直到循环结束。

用程序流程图描述的算法如图2.11所示。

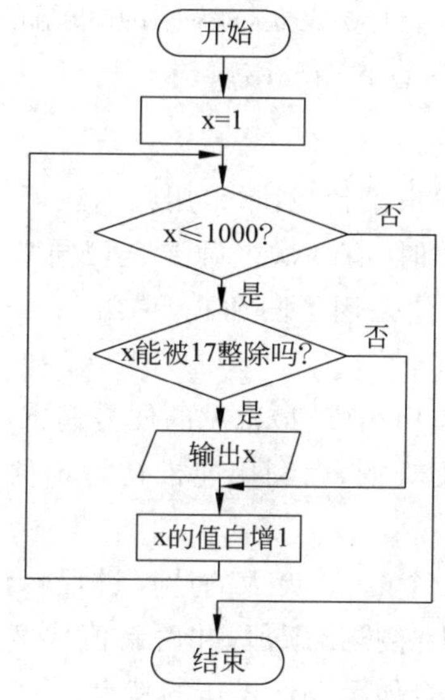

图2.11 用程序流程图描述的算法

【百钱买百鸡】

这是中国古代数学著作《算经》中的问题：“鸡翁一，值钱五；鸡母一，值钱三；鸡雏三，值钱一。百钱买百鸡，问翁、母、雏各几何？”即，已知公鸡5元一只，母鸡3元一只，小鸡一元3只，要用100元钱买100只鸡，可以买公鸡、母鸡、小鸡各几只？

解：设公鸡为x只，母鸡为y只，小鸡为z只，则问题化为一个三元一次方程组。

$$x + y + z = 100$$
$$5x + 3y + z/3 = 100$$

这是一个不定解方程组问题(3 个变量,2 个方程),只能将各种可能的取值代入,能同时满足两个方程的值就是问题的解。

由于共 100 元钱,而且这里 x、y、z 为正整数,那么可以确定：x 的取值范围为 1～20,y 的取值范围为 1～33。

使用枚举法求解,算法步骤如下：

(1) 初始化：$x=1,y=1$。

(2) x 从 1 循环到 20。

(3) 对于每一个 x,依次让 y 从 1 循环到 33。

(4) 在每次循环中,对于本次循环中的 x 和 y 值,计算 $z=100-x-y$。

(5) 如果 $5x+3y+z/3=100$ 成立,就输出方程组的解。

(6) 重复第(2)～(5)步,直到循环结束。

2. 递推法

如果求解的问题能够找出某种规律,采用归纳法可以提高算法效率。

著名数学家高斯在童年时,有一次老师要全班同学计算自然数 1～100 的和,高斯迅速算出了答案,当时他采用了归纳法,得出了 $1+2+\cdots+100=100\times(100+1)/2=5050$ 的结果。

归纳法在算法设计中应用很广,最常见的便是递推法。在实际应用中,很多问题要找出通项公式是相当困难的,而利用递推初始条件和递推公式进行计算就方便多了。

递推法的思想是：把一个复杂、庞大的计算过程转化为简单过程的多次重复,每次重复都在旧值的基础上递推出新值,并由新值代替旧值重新计算。该算法利用了计算机运算速度快、适合做重复性操作的特点。

例如,某个原因产生一个结果后,将这个结果又作为原因,产生下一个结果,这样就构成了一条因果链。因果链就是一种递推思维。

有一首英国民谣："失了一颗铁钉,丢了一只马蹄铁；丢了一只马蹄铁,折了一匹战马；折了一匹战马,损失了一位将军；损失了一位将军,输了一场战争；输了一场战争,亡了一个帝国。"显然,这首民谣采用了递推法。

【猴子吃桃】

猴子在一天摘了若干桃子(图 2.12)。当天它吃掉桃子的一半加一个；第二天吃了剩下的桃子的一半加一个；以后每天都吃剩下的桃子的一半加一个；到第7天早上只剩下一个桃子了。猴子在第一天共摘了多少个桃子？

图 2.12　猴子吃桃

解：设第 i 天剩下 x_i 个桃子。

因为第 $i+1$ 天吃了 $0.5x_i+1$，所以第 $i+1$ 天剩下的桃子数为 $x_i-(0.5x_i+1)=0.5x_i-1$。

因此 $x_{i+1}=0.5x_i-1$。

这样就得到本问题的数学模型：

$$x_i=(x_{i+1}+1)\times 2,\quad i=6,5,4,3,2,1$$

第6天到第1天，可以重复使用上式计算当天的桃子数，因此本问题适合用循环结构处理。

本问题的算法设计如下：

(1) 初始化：$x_7=1$。

(2) 从第6天循环到第1天，对于每一天，计算 $x_i=(x_{i+1}+1)\times 2, i=6,5,4,3,2,1$。

(3) 循环结束后，x_1 的值即为第1天的桃子数。

3. 递归法

递归法是计算思维中最重要的思想，是计算机科学中最美的算法之一。很多算法（如分治法、动态规划、贪心法）是基于递归概念的算法。递归法既是一种有效的算法设计方法，也是一种有效的分析问题的方法。

利用递归法求解问题的基本思想是：对于一个较为复杂的问题，把原问题分解成若干相对简单且类似的子问题，这样，较为复杂的原问题就变成了相对简单的子问题，而简单到一定程度的子问题可以直接求解，这样，原问题就可递归得到解。简单地说，递归法就是通过调用自身，只需少量的程序代码就可描述多次重复的计算过程。

并不是每个问题都适合用递归法求解。适合用递归法求解的问题的充分必要条件是：问题具有某种可借用的类似自身的子问题描述的性质，并且某一有限步的子问题（也称为本原问题）有直接的解存在。

例如，计算机中文件夹的复制是一个递归问题，因为文件夹是层次性的，需要读取每一层子文件夹中的文件并进行复制。

扫雷游戏也应用了递归法。当鼠标单击四周没有雷的点时，往往会打开一片区域，因为在打开没有雷的点时，如果该点周围的点也没有雷，那么这些无雷点也会被打开，以此类推，就能打开一片区域。这类问题用递归方法实现既清晰易懂，又能通过较为简单的程序代码实现。

递归就是在过程或函数里调用自身。一个过程或函数在其定义或说明中可以直接或间接调用自身，把一个大型、复杂的问题层层转化为一个与原问题相似的规模较小的简单问题来求解。一般来说，递归需要有边界条件、递归前进段和递归返回段。当边界条件不满足时，递归前进；当边界条件满足时，递归返回。

利用递归法解决问题的关键有二：一是找到问题的递归关系式，也就是用小问题的解构造大问题的关系式；二是确定递归终止的条件（递归出口），没有终止条件将形成死循环。

【斐波那契数列】

斐波那契（Fibonacci Leonardo，约 1170—1250）是意大利著名数学家。在他的著作《算盘书》中有许多有趣的问题，最著名的问题是兔子繁殖问题（图 2.13）：一对成年兔每月能生一对小兔，而每对小兔在出生后 3 个月就长为成年兔。那么，从一对初生的小兔开始，12 个月后能繁殖成多少对兔子？

解：我们发现，兔子繁殖过程中产生了无穷数列 1，1，2，3，5，8，13，21，34，55，…，这个数列被称为斐波那契数列（Fibonacci sequence），又称兔子数列。

假设斐波那契数列中第 n 个数为 $F(n)$，斐波那契数列的规律如下：

$$F(n)=F(n-1)+F(n-2), \quad n>1$$
$$F(0)=F(1)=1$$

这样就找到了递归关系式和递归终止的条件（函数 F 当 n 为 1 和 0 的情况）。这时斐波那契数列就可以递归地定义为

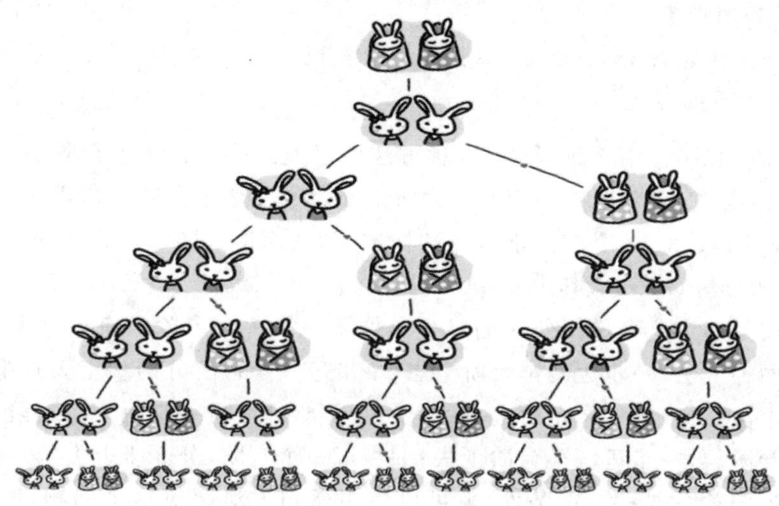

图 2.13 兔子繁殖问题

$$F(n)=\begin{cases}1, & n=0\\ 1, & n=1\\ F(n-1)+F(n-2), & n>1\end{cases}$$

递归算法的执行过程主要分为递推和回归两个阶段。算法如下：

(1) 输入 n 的值。

(2) 在递推阶段，把较复杂的问题(规模为 n)的求解递推到比原问题简单一些的问题(规模小于 n)的求解。

本例中，求解 $F(n)$时，把它递推到求解 $F(n-1)$和 $F(n-2)$，也就是说，为计算 $F(n)$，必须先计算 $F(n-1)$和 $F(n-2)$；而计算 $F(n-1)$和 $F(n-2)$，又必须先计算 $F(n-3)$和 $F(n-4)$。以此类推，直至计算 $F(1)$和 $F(0)$，分别能立即得到结果 1 和 0。

(3) 在回归阶段，当满足递归终止的条件后，逐级返回，依次得到稍复杂问题的解。在本例中，得到 $F(1)$和 $F(0)$的结果后，返回上一级，得到 $F(2)$和 $F(1)$的结果……得到 $F(n-1)$和 $F(n-2)$的结果后，返回上一级，得到 $F(n)$的结果。

(4) 输出 $F(n)$的值。

请感受一下递归思想之美吧！递归策略只需少量的程序代码，就可描述出解题过程所需要的多次重复计算。递归的能力在于用有限的语句来定义对象的无限集合。

【上楼梯问题】

假设一段楼梯共15个台阶，小明一步最多能上3个台阶，那么小明上这段楼梯一共有多少种方法？

解：从第15个台阶往回看，有3种方法可以上来(从第14个台阶一步迈1个台阶上来，从第13个台阶一步迈2个台阶上来，从第12个台阶一步迈3个台阶上来)；同理，第14、13、12个台阶都可以这样推算，从而得到递归公式 $f(n)=f(n-1)+f(n-2)+f(n-3)$，其中 $n=15,14,\cdots,4$。

然后就是确定这个递归公式的终止条件了。第一个台阶只有一种上法，第二个台阶有两种上法(一步迈两个台阶上去，一步迈一个台阶分两步上去)，第3个台阶有4种上法(一步迈3个台阶上去；一步迈两个台阶，再一步迈一个台阶上去；一步迈一个台阶，再一步迈两个台阶上去；一步迈一个台阶，分3步上去)。

有了递归关系式和终止条件，就可以使用递归方法解决这个问题，Python程序代码如下：

```
def climbStairs1(n): #递推
    a=1
    b=2
    c=4
    for i in range(n-3):
        c,b,a=a+b+c,c,b
    return c
def climbStairs2(n): #回归
    first3={1: 1,2: 2,3: 4}
    if n in first3.keys():
        return first3[n]
    else:
        return climbStairs2(n-1)+climbStairs2(n-2)+climbStairs2(n-3)
```

上述代码看起来简洁明了，但效率非常低，不仅因为递归时上下文的保存和恢复比较耗时，还因为涉及大量的重复计算。在Python中，可以使用functools标准库提供的缓冲器lru_cache解决这个问题。下面的代码和上面的代码在功能上完全一样，只是在外面加了缓冲器。

```
@functools.lru_cache(maxsize=64)
#参数 maxsize 为缓存的最多次数，如果为 None，则无限制
def climbStairs3(n): #带缓冲器的递归法
```

```
    first3={1: 1,2: 2,3: 4}
    if n in first3.keys():
        return first3[n]
    else:
        return climbStairs3(n-1)+climbStairs3(n-2)+climbStairs3(n-3)
```

下面是测试代码：

```
n=25
for f in(climbStairs1,climbStairs2,climbStairs3):
    start=time.time()
    for i in range(1000):
        result=f(n)
    delta=time.time()-start
    print(f.__name__,result,delta)
```

下面是测试结果：

```
climbStairs1  2555757  0.0
climbStairs2  2555757  458.8922302722931
climbStairs3  2555757  0.0
```

可以看出，普通的递归函数效率非常低。所以，在设计递归算法时，可以将其与二分法、动态规划法、缓冲器技术相结合，以减少递归深度和开销，从而提高效率。

4. 分治法

任何一个可以用计算机求解的问题所需的计算时间都与其规模有关。问题的规模越小，越容易直接求解，解题所需的计算时间也越少。

例如，对于 n 个元素的排序问题，当 $n=1$ 时，不需任何计算；当 $n=2$ 时，只要作一次比较即可排好序；当 $n=3$ 时，只要作 3 次比较即可……而当 n 较大时，问题就不那么容易处理了。要想直接解决一个规模较大的问题，有时是相当困难的。

分治法就是把一个复杂的问题分成两个或更多相同或相似的子问题，再把子问题分成更小的子问题……直到最后的子问题可以直接求解，原问题的解即为子问题解的合并。在计算机科学中，分治法是一种很重要的算法，是很多高效算法的基础。

分治法的精髓："分"——将问题分解为规模更小的子问题；"治"——将这些

规模更小的子问题逐个解决;“合”——将子问题的解合并,最终得出原问题的解。

由分治法产生的子问题往往是原问题的简化,这就为使用递归法提供了方便。在这种情况下,反复运用分治法,可以使子问题与原问题类型一致而其规模却不断缩小,最终使子问题缩小到很容易直接求出其解。这自然导致递归过程的产生。分治与递归像一对孪生兄弟,经常同时应用在算法设计之中,并由此产生了许多高效算法。

分治法能解决的问题一般具有以下几个特征:

(1) 将该问题的规模缩小到一定的程度就可以容易地解决。

(2) 该问题可以分解为若干个规模较小的相同类型的问题,即该问题具有最优子结构性质。

(3) 利用该问题分解出的子问题的解可以合并为该问题的解。

(4) 该问题分解出的各个子问题是相互独立的,即子问题之间不包含公共的子问题。

上述的第一条特征是绝大多数问题都可以满足的,因为问题的计算复杂性一般是随着问题规模的增加而增加的;第二条特征是应用分治法的前提,它也是大多数问题可以满足的,此特征反映了递归思想的应用;第三条特征是关键,能否利用分治法完全取决于问题是否具有第三条特征,如果具备了第一条和第二条特征,而不具备第三条特征,则可以考虑用贪心法或动态规划法;第四条特征涉及分治法的效率,如果各子问题不是相互独立的,则分治法要做许多额外的工作,重复地解公共子问题,此时虽然可以使用分治法,但一般选择动态规划法更好。

根据分治法的“分而治之”原则,原问题应该分为多少个子问题才适宜?各个子问题的规模应该怎样才恰当?人们从大量实践中发现,在用分治法设计算法时,最好将一个问题分成大小相等的多个子问题。这种使子问题规模大致相等的做法来自平衡子问题规模的思想,它几乎总是比子问题规模不等的做法要好。

【又见斐波那契数列】

上面使用递归法解决了斐波那契数列问题。使用分治法可以解决这个问题吗?

解:本例取 $n=5$ 时的情况,使用分治法计算斐波那契数列问题的过程如图 2.14 所示。

【公主的婚姻】

一个国王向邻国公主求婚。公主出了一道题:求出 48 770 428 433 377 171 的一个真因子(除它本身和 1 以外的其他约数)。若国王能在一天之内求出答

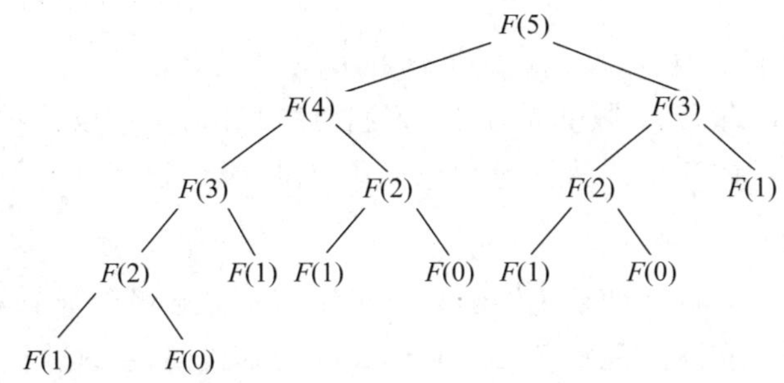

图 2.14 $n=5$ 时使用分治法解决斐波那契数列问题的过程

案，公主便接受他的求婚。国王回去后立即开始逐个数地进行计算，他从早到晚共算了 3 万多个数，最终还是没有结果。国王向公主求情，公主将答案相告：223 092 827 是那个大数的一个真因子。国王很快就验证了这个数的确能除尽 48 770 428 433 377 171。

公主说："我再给你一次机会。"国王立即回国，并向时任宰相的大数学家求教。大数学家在仔细地思考后认为，这个大数为 17 位，则最小的一个真因子不会超过 9 位，他给国王出了一个主意：按自然数的顺序给全国的老百姓每人编一个号，等公主给出新的大数后，立即将它们通报全国，让每个老百姓用自己的编号去除这个数，除尽了立即上报，赏金万两。

在上面的故事中，国王最先使用的是枚举法。由宰相提出的是一种并行算法，而且使问题的规模大为缩小，其中包含了分治法的思想。

分治法求解问题的优势是可以并行地解决相互独立的问题。用分治法求解的经典问题有二分搜索、合并排序、快速排序、大整数乘法、棋盘覆盖、循环赛日程表、汉诺塔等。目前计算机已经能够集成越来越多的 CPU 核，设计并行执行的程序能够有效利用资源，提高计算速度。

2.6.4 算法的实现——程序设计语言

程序设计语言和自然语言十分相似。回忆一下语文和英语的学习，就可以得出自然语言的学习过程：基本符号及书写规则→单词→短语→句子→段落→文章。程序设计语言的学习过程也与之类似：基本符号及书写规则→常量、变量→运算符和表达式→语句→过程和函数→程序。前面提到，在写作中，要求语法规范、语义清晰。编写的程序也要求清晰、规范，符合一定的书写规则。

传统程序的基本构成元素包括常量、变量、运算符、内部函数、表达式、语句、自定义过程或函数等。

现代程序增加了类、对象、消息、事件和方法等元素。

自20世纪60年代以来，世界上公布的程序设计语言难以计数，但是只有很小一部分得到了广泛的应用。从发展历程来看，程序设计语言可以分为如下4代。

1. 机器语言

机器语言是计算机硬件系统能够直接识别而不需翻译的计算机语言。机器语言中的每一条语句实际上是一条二进制形式的指令代码，由操作码和操作数组成。操作码指出进行什么操作，操作数给出参与操作的数或在其内存中的地址。用机器语言编写程序工作量大，难以阅读，但执行速度快。机器语言的二进制指令代码通常随CPU型号的不同而不同，不能通用，因而机器语言是面向机器的低级语言。通常不用机器语言直接编写程序。

2. 汇编语言

汇编语言是为特定计算机或计算机系列设计的。汇编语言用助记符代替操作码，用地址符号代替操作数。由于采用了这种符号化的做法，所以汇编语言也称为符号语言。用汇编语言编写的程序称为汇编语言程序。汇编语言程序比机器语言程序易读、易检查、易修改，同时又保持了机器语言程序执行速度快、占用存储空间少的优点。汇编语言也是面向机器的低级语言，不具备通用性和可移植性。

3. 高级语言

高级语言是由具有各种意义的词和数学公式按照一定的语法规则组成的，它更容易阅读、理解和修改，编程效率高。高级语言不是面向机器的，而是面向问题的，与具体机器无关，具有很强的通用性和可移植性。高级语言的种类很多，有面向过程的语言，例如FORTRAN、BASIC、Pascal、C等；有面向对象的语言，例如C++、C#、Java等。

不同的高级语言有不同的特点和应用范围。FORTRAN语言是1954年提出的，是出现最早的一种高级语言，适用于科学和工程计算；BASIC语言是适合初学者使用的语言，简单易学，人机对话功能强；Pascal语言是结构化程序设计语言，适用于教学、科学计算、数据处理和系统软件开发，已逐步被C语言所取代；C语言程序简练、功能强，适用于系统软件开发、数值计算、数据处理等，成为目前高级语言中使用最多的语言之一；C++、C#等面向对象的程序设计语言给非计算机专业的用户在Windows环境下开发软件带来了便利；Java语言是一种基于C++语言的跨平台分布式程序设计语言。

4. 第四代非过程化语言

上述高级语言都是过程化语言。编写程序的时候，要详细描述问题求解的过程，告诉计算机每一步应该怎样做。为了把程序员从繁重的编写程序工作中解放出来，还要寻求进一步提高编码效率的新语言，这就是第4代语言（Fourth-Generation Language，4GL）产生的背景。4GL是非过程化语言，编码时只需说明做什么，不需描述算法细节。属于这类语言的有System Z、PowerBuilder、FOCUS等。Python具有非过程化语言的描述能力，并提供完整的面向对象编程技术。

数据库查询语言和应用程序生成器是4GL的两个典型应用。用户可以用数据库查询语言SQL（Structured Query Language，结构化查询语言）对数据库中的信息进行复杂的操作。用户只需将要查找的内容在什么地方、根据什么条件进行查找等信息告诉SQL，SQL就会自动完成查找过程。应用程序生成器（application generator）则是根据用户的需求自动生成高级语言程序。真正的非过程化语言应该说还没有出现。第四代程序设计语言是面向应用、为最终用户设计的程序设计语言，它具有缩短应用开发过程、降低维护代价、最大限度地减少调试过程中出现的问题以及对用户友好等优点。

目前新语言研究方向是更贴近自然语言的计算机语言、图形化表达语言、积木式程序构造语言和专业领域化的内容表达与计算语言。

2.7 数据思维

O'Reilly媒体公司创始人兼CEO奥莱利（Tim O'Reilly，预言了开源软件、Web 2.0等互联网新事物）曾说："We are entering a new world in which data may be more important than software."（"我们正在进入一个新世界，在这个世界里，数据会比软件更重要。"）

信息是对客观世界中各种事物的运动状态和变化的反映。数据是信息的载体，是信息的表达方式。在计算机中，信息是使用二进制进行编码的。数据是描述客观事物的数值、字符以及能输入计算机且能被处理的各种符号。简言之，数据就是计算机化的信息。

计算机程序的功能是对信息（数据）进行加工处理。可以说，"程序＝算法＋数据组织和管理"。程序的效率取决于算法与数据组织和管理的综合效果。随着信息量的增大，数据组织和管理变得非常重要，它直接影响程序的效率。

2.7.1 数据结构

1. 数据结构的概念

数据结构是计算机存储、组织数据的方式。数据结构是指相互之间存在一种或多种特定关系的数据元素的集合。数据结构研究数据的逻辑结构和物理结构以及两者之间的相互关系,并针对这种结构定义相应的运算。

数据结构和相关的算法是数据进入计算机进行处理的一套完整逻辑。在进行程序设计时,对于要存储和处理的一类数据,程序员必须选择一种数据结构对其进行添加、修改、删除、存储等操作。通常情况下,精心选择的数据结构可以带来很高的运行或者存储效率。数据结构往往同高效的检索算法和索引技术有关。因此,当利用计算机解决问题时,必须以计算机能接受的模式描述问题,并且要选用适当的算法处理数据,这就是数据结构讨论的重点。简单地说,数据结构就是对数据与算法的研究。

例如,一幅图像是由简单的数值组成的矩阵,一个图形中的几何坐标可以组成表,编译程序中要使用栈、符号表和语法树,操作系统中要用到队列、树形目录,等等,其中的数据都是有结构的数据。

2. 数据结构的分类

数据结构可以从不同的角度分类。

1) 按照数据元素之间的关系分类

按照数据元素之间的关系,数据结构通常分为集合、线性结构、树和图 4 类,如图 2.15 所示。数据元素之间的任何复杂关系都是这 4 种关系的组合。

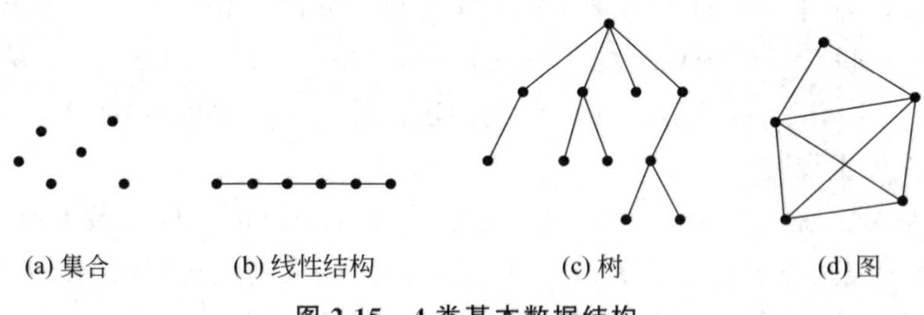

图 2.15 4 类基本数据结构

(1) 在集合中,数据元素除了同属于一种类型外,别无其他关系。

(2) 在线性结构中,数据元素之间存在一对一的关系。

(3) 在树中,数据元素之间存在一对多的关系。

(4) 在图中,数据元素之间存在多对多的关系。

2) 按照数据元素之间是否具有线性关系分类

上述 4 种基本数据结构还可以归并为线性结构和非线性结构两大类型。

(1) 在线性结构中,每一个结点最多有一个前件,也最多有一个后件。常见的线性结构有线性表、链表、栈和队列等。

(2) 非线性结构是所有不满足线性结构条件的数据结构的总称。常见的非线性结构有集合、树和图。

3) 按照数据结构的层次分类

按照数据结构的层次不同,分为逻辑结构和存储结构两大类。

(1) 逻辑结构是对数据集合中各数据元素之间固有的逻辑关系的抽象描述。

(2) 存储结构又称物理结构,是数据的逻辑结构在计算机存储空间中的存放形式。同一种逻辑结构的数据可以采用不同的存储结构,数据处理效率不同。

数据的存储结构主要有顺序存储、链式存储两种形式。顺序存储是把逻辑上相邻的结点存储在物理位置相邻的存储单元里,结点间的逻辑关系由存储单元的邻接关系来体现。链式存储不要求逻辑上相邻的结点在物理位置上也相邻,结点间的逻辑关系是由附加的指针字段表示的。

3. 线性数据的组织方式

简单地说,线性数据是指同类的批量数据,也称线性表,例如英文字母表(A,B,…,Z)、1000 个学生的学号和成绩、3000 个职工的姓名和工资、一年中的 4 个季节(春、夏、秋、冬)等。

线性数据的组织方式在计算机中一般有两种:连续方式和非连续方式,在数据存储结构中分别称为顺序存储和链式存储。

1) 连续方式

连续方式是指将数据存放在内存中的某个连续区域。例如,在图 2.16 中,假设线性表中有 n 个元素,每个元素占 k 个单元,第一个元素的地址为 $\mathrm{loc}(a_1)$,则第 i 个元素的地址 $\mathrm{loc}(a_i)$ 为 $\mathrm{loc}(a_i)=\mathrm{loc}(a_1)+(i-1)\times k$,其中 $\mathrm{loc}(a_1)$ 称为基地址。

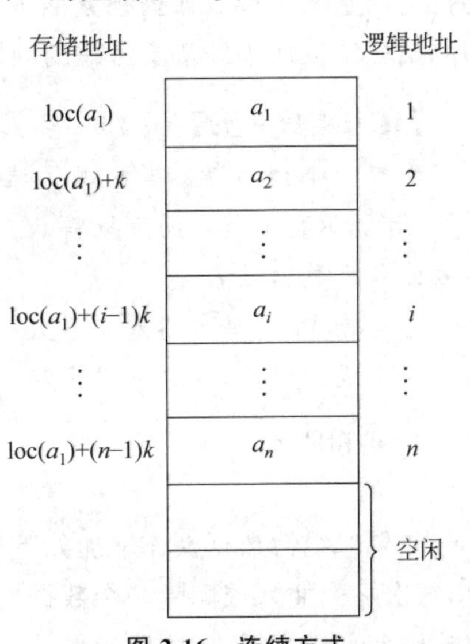

图 2.16 连续方式

顺序存储结构采用一组地址连续的存储单元依次存储各个数据元素,使得逻辑结构上相邻的数据元素存储在相邻的物理存储单元中。采用顺序存储结构的线性表通常称为顺序表。

顺序存储结构可以借助于高级程序设计语言中的一维数组来表示。

在此方式下，每当插入或删除一个数据时，该数据后面的所有数据都必须向后或向前移动，因此这种方式比较适合数据相对固定的情况。

2）非连续方式

非连续方式是指将数据分散地存放在内存中。

数据元素的逻辑顺序是通过链表中的指针实现的。在链式存储结构中，每个结点由两部分组成：一部分用于存放数据元素的值，称为数据域；另一部分用于存放指针，称为指针域，用于指向该结点的前一个或后一个结点（即前件或后件）。对于最后一个数据，指针域填上一个表示结束的特殊值，这种像链条一样的数据组织方式也称链表。一般在链表中设一个头指针 head 指向第一个结点，将最后一个结点的指针域设为“空”（NULL），如图 2.17 所示。

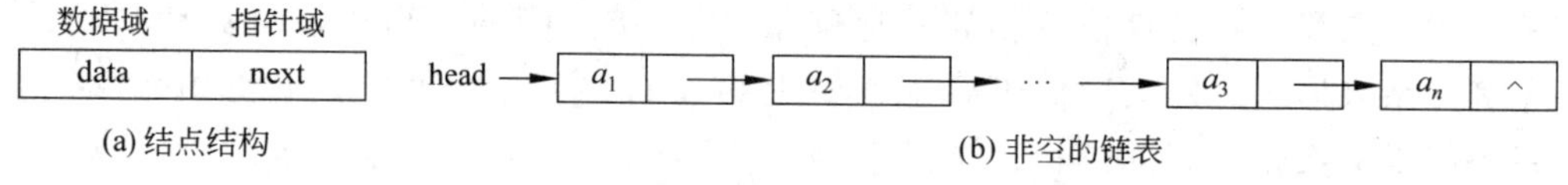

(a) 结点结构　　(b) 非空的链表

图 2.17　链表结构

在链式存储结构中，每个数据都增加了存放位置信息（指针）的空间，所以这种结构是以空间来换取数据频繁插入和删除等操作的时间，这种空间和时间的平衡问题是算法设计中经常要考虑的问题。

【链表存储结构】

现有一个线性表，其数据元素为 A、B、C、D、E、F、G，其链表存储结构如图 2.18 所示整个链表的存取需从头指针开始，依次顺着每个结点的指针域找到线性表的各个数据元素。

在此方式下，每当插入或删除一个数据时，可以方便地通过修改相关结点的指针域来完成。因此，这种方式比较适合数据频繁变化的情况。

4. 栈和队列

1）栈

如果对线性数据操作增加如下规定：数据的插入和删除必须在表的同一端进行，每次只能插入或删除一个数据元素，则这种线性数据组织方式就称为栈。通常将栈中允许进行插入、删除操作的一端称为栈顶（top），另一端称为栈底（bottom）。

头指针Head位置：16

存储地址	数据域	指针域
16	A	8
8	B	22
22	C	1
1	D	55
55	E	37
37	F	25
25	G	NULL

Head → | A | 8 | → | B | 28 | → | C | 1 | → | D | 55 | → | E | 37 | → | F | 25 | → | G | ^ |

图 2.18 线性表的链表存储结构

当栈中没有元素时称为空栈。

栈的插入操作被形象地称为进栈，删除操作称为出栈。

栈是先进后出(First In Last Out，FILO)的结构，如图 2.19(a)所示。日常生活中的铁路调度就是栈的应用，如图 2.19(b)所示。

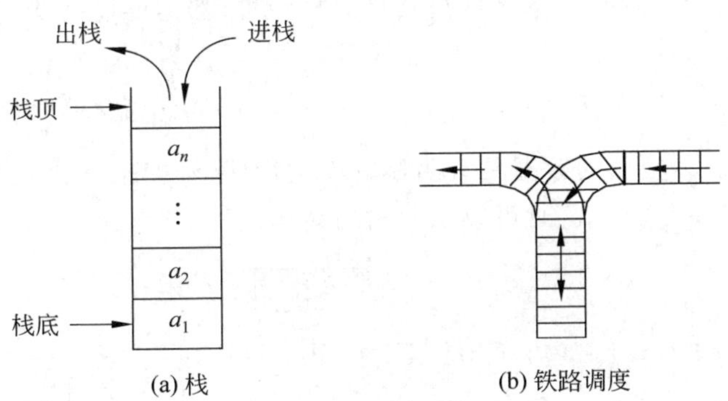

(a) 栈　　(b) 铁路调度

图 2.19 栈和栈的应用

许多程序语言本身就是建立在栈结构之上的。例如 Java 的实时运行环境就是基于栈结构的虚拟机。

网络浏览器会将用户最近访问过的网址组织为一个栈。这样，用户每访问一个新页面，其地址就会被存放至栈顶；而用户单击后退按钮，即可沿相反的次序访问此前刚访问过的页面。

文本编辑器大都支持编辑操作的历史记录功能(Ctrl＋Z 组合键为撤销，Ctrl＋Y组合键为恢复)。用户的编辑操作被依次记录在一个栈中。一旦出现误操作，用户只需单击撤销按钮，即可撤销最近一次操作并回到此前的编辑状态。

2）队列

如果对线性数据操作增加如下规定：只允许在表的一端插入数据元素，而在另一端删除数据元素，则这种线性数据组织方式就称为队列。

队列具有先进先出(Fist In Fist Out，FIFO)的特性。在队列中，允许插入数据元素的一端称为队尾(rear)，允许删除数据元素的一端称为队头(front)，如图 2.20 所示。

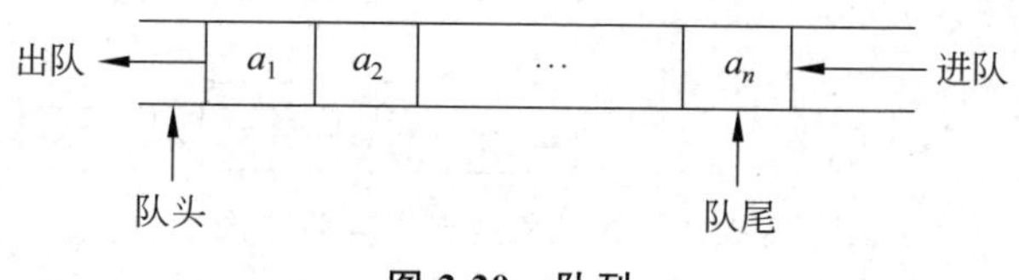

图 2.20 队列

队列运算包括进队运算(从队尾插入一个元素)和出队运算(从队头删除一个元素)。

在日常生活中，排队就是队列的应用。计算机及网络的各种计算资源，无论是多进程共享的 CPU 时间还是多用户共享的打印机，都需要借助队列实现合理和优化的分配。

5. 树

如果要组织和处理的数据具有明显的层次特性，例如家庭成员间辈份关系、学校的组织结构(图 2.21)，这时可以采用树的结构。

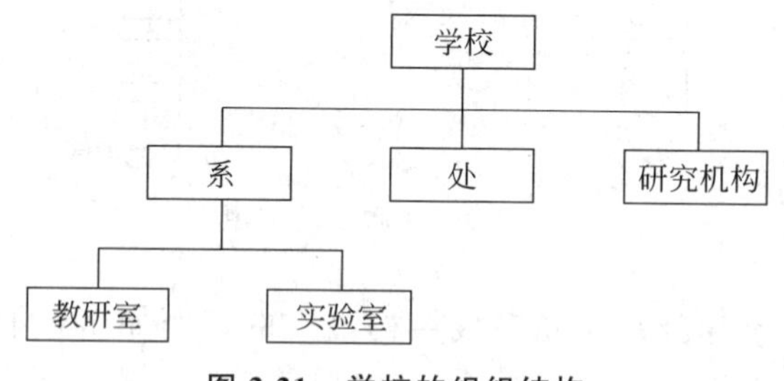

图 2.21 学校的组织结构

层次模型是数据库系统中最早出现的数据模型，是用树来表示各类实体以及实体间的联系。层次数据库将数据组织成树，并用一对多的关系连接不同层次的数据。

严格地讲，满足下面两个条件的数据集合称为树：

(1) 有且只有一个结点没有父结点，这个结点称为根结点。

(2) 根结点以外的其他结点都有且只有一个父结点。

图 2.22 是树的示例。

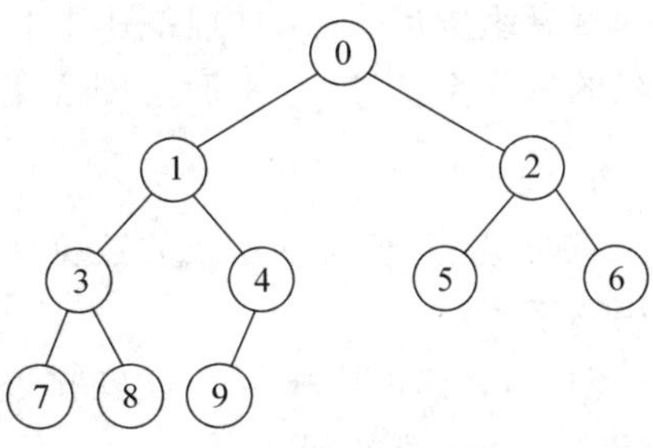

图 2.22 树的示例

国际象棋、西洋跳棋、围棋和中国象棋都属于双人完备博弈。所谓双人完备博弈，就是两位选手对垒，轮流走步，其中一方完全知道另一方已经走过的棋步以及未来可能的走法，对弈的结果要么是一方赢(另一方输)，要么是和局。

对于任何一种双人完备博弈，都可以用一个博弈树(与或树)来描述，并通过博弈树搜索策略寻找最佳解。博弈树类似于状态图和问题求解搜索中使用的搜索树。博弈树上的每个结点对应一个棋局，树的分支表示棋的走步，根结点表示棋局的开始，叶结点表示棋局的结束。一个棋局的结果可以是赢、输或者和局。国际象棋的博弈树有 10 102 个结点，中国象棋的博弈树有 10 160 个结点，围棋的博弈树有 10 768 个结点。

【井字棋问题的数据结构】

井字棋的玩法是：两个玩家，一人执白子，一人执黑子，轮流在 3×3 的格上下棋子，最先在横向、竖向或斜向连成一线者获胜。

井字棋前几步的对弈树示例如图 2.23 所示。井字棋问题的数据结构可以清楚地用树结构表达。

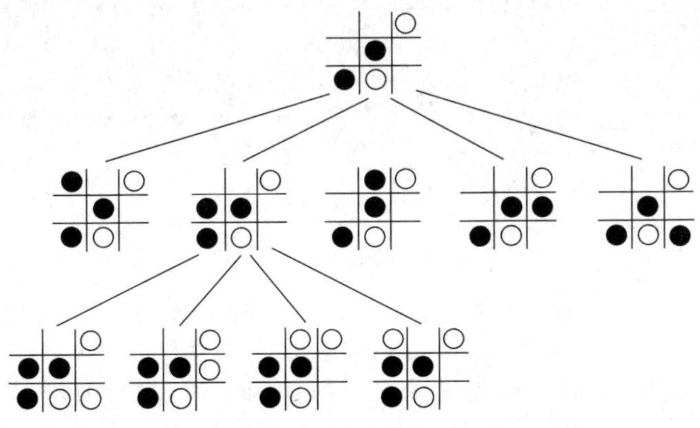

图 2.23 井字棋前几步的对弈树示例

树在计算机科学领域中也有广泛的应用,例如编译器中的语法树、数据库系统中的信息组织形式、文件组织中的目录结构、人类社会的族谱、机关的组织结构、计算机的操作系统结构、平面绘图应用、游戏设计等方面。

6. 图

有时,还会遇到更复杂的数据关系,即数据元素间存在多对多的关系,此时应采用图来表示。

例如,在前面的国际会议安排座位问题中,可以将问题转化为在图 G 中找到一条哈密顿回路的问题。

【哥尼斯堡七桥问题】

18 世纪的东普鲁士有一座哥尼斯堡城,城中有一座奈佛夫岛。普雷格尔河的两条支流环绕该岛,并将全城分成北区、东区、南区和岛区 4 个区域。全城共有 7 座桥将 4 个区域连起来,人们可以通过这 7 座桥到各区域游玩。有人提出了一个有趣的数学难题:寻找走遍这 7 座桥,且只许走过每座桥一次,最后又回到原出发点的路径。该问题就是著名的哥尼斯堡七桥问题,如图 2.24 所示。

1736 年,29 岁的欧拉向俄罗斯圣彼得堡科学院递交了名为《哥尼斯堡的七座桥》的论文,在解答了这一问题的同时,开创了数学的一个新的分支——图论与几何拓扑。

欧拉抽象出问题中最本质的东西,忽略了非本质的东西(如桥的长度等),把每一个区域视为一个点,连接两个区域的一座桥以一条线表示,由此得到了图 2.25 所示的几何图形。

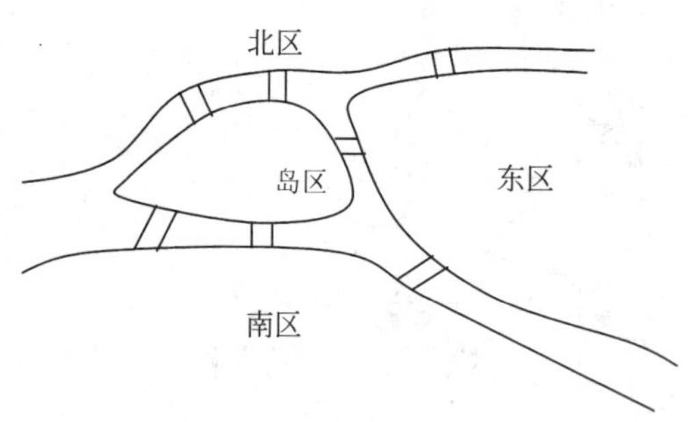

图 2.24　哥尼斯堡七桥问题

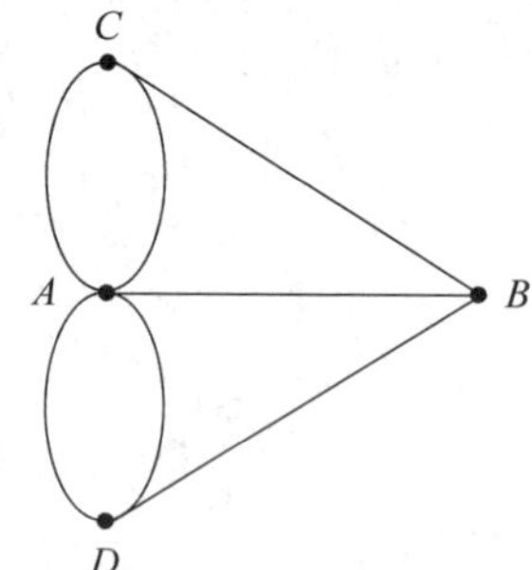

图 2.25　简化后的哥尼斯堡七桥问题

若分别用 A、B、C、D 4 个点表示哥尼斯堡的 4 个区域,则哥尼斯堡七桥问题便转化为是否能够不间断、不重复地画出图 2.25 中的 7 条线的欧拉回路问题(也称一笔画问题)了。

欧拉不仅解决了这个问题，且给出了欧拉回路问题的必要条件：图形必须是连通的，且图中的奇点个数是 0 或 2(奇点是指连到一点的边的数目是奇数)。

由此可以判断哥尼斯堡七桥问题中的 4 个点全是奇点，可知图 2.25 不能一笔画出，也就是不存在不重复地通过所有桥的路径。

哈密顿回路问题与欧拉回路问题的不同点是：哈密顿回路问题是访问图中每个顶点一次，而欧拉回路问题是访问图中每条边一次。

欧拉的上述论文为图论的形成奠定了基础。图论是对现实问题进行抽象的一个强有力的数学工具，已广泛地应用于计算科学、运筹学、信息论、控制论等领域。

在实际应用中，有时图的边有权值，这些权值可以表示从一个顶点到另一个顶点的距离或费用等信息。这种边上带权值的图称为赋权图或网，如图 2.26 所示。

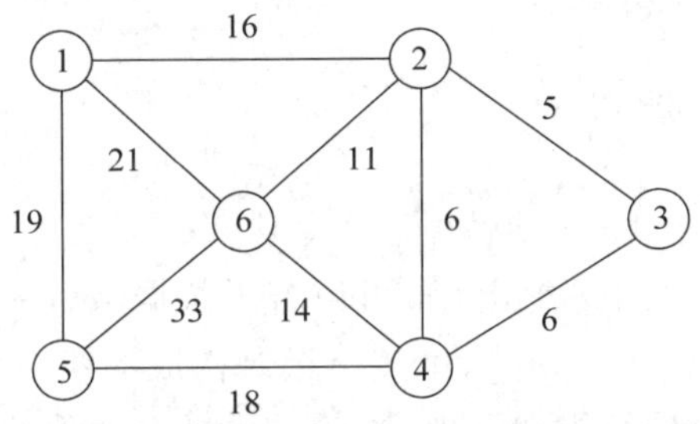

图 2.26 赋权图示例

可以利用算法求出图中的最短路径、关键路径等，因此图可以用来解决很多实际问题，如电路网络分析、线路的铺设、交通网络管理、工程项目进度安排、商业活动安排等，它是一种应用极为广泛的数据结构。

目前有许多汽车与手机都安装了定位系统，其中路程的计算就是以最短路径的理论作为程序设计的依据，为人们提供不同的路径选择方案。

7. 数据结构与算法

数据结构与算法之间存在着密切的关系。可以说，不了解施加于数据上的算法需求，就无法决定数据结构；算法的结构设计和选择又依赖于作为其基础的数据结构。即，数据结构为算法提供了工具，算法是利用这些工具解决问题的最佳方案。

1) 数据结构与算法的联系

数据结构是算法实现的基础，算法总是依赖于某种数据结构实现的。算法的操作对象是数据结构。简单地说，数据结构的设计就是选择存储方式，例如确定问题中的信息是用普通的变量存储还是用其他更加复杂的数据结构存储。

算法设计的实质是对实际问题中要处理的数据选择一种恰当的存储结构，并在选定的存储结构上设计一个好的算法。不同的数据结构的设计将导致差异很大的算法。

算法设计不可能独立于数据结构。数据结构的设计和选择需要为算法服务。如果某种数据结构不利于算法实现，那么它就没有太大的实际意义。

总之，算法的设计同时伴有数据结构的设计，两者都是为最终解决问题服务的。

2）数据结构与算法的不同侧重点

数据结构关注的是数据的逻辑结构、存储结构以及基本操作，而算法关注的是如何在数据结构的基础上解决实际问题。算法是编程思想，数据结构则是这些思想的逻辑基础。

2.7.2 文件系统和数据库

1. 文件系统

在较为复杂的线性表中，数据元素可由若干数据项（item）组成，由若干数据项组成的数据元素称为记录（record），由多个记录构成的线性表称为文件（file）。

以文件方式进行数据组织和管理，一般需要进行文件的建立、使用、删除、复制和移动等操作，其中文件的使用包括打开、读、写、关闭这4个基本操作。程序设计语言一般都提供了文件管理功能。

2. 数据库系统

如果数据量非常大，数据之间的关系也很复杂，这时可以考虑使用数据库系统来组织和管理数据。

数据管理技术是在20世纪60年代后期开始的，经历了人工管理、文件管理、数据库系统3个阶段，与前两个阶段相比，数据库系统具有以下特点：

（1）数据结构化。在数据库系统中，数据是面向整个组织的，具有整体的结构。同时，存取数据的方式可以很灵活，可以存取数据库中的一个数据项、一组数据项、一个记录或者一组记录。

（2）共享性高，冗余度低，易扩充。数据库系统中的数据不再面向某个应用，而是面向整个系统，因而可以被多个用户、多个应用共享使用。使用数据库系统管理数据可以降低数据冗余度，并且数据库系统弹性大，易于扩充，可以满足各种用户的要求。

(3) 数据独立性高。数据独立性包括数据的物理独立性和数据的逻辑独立性。物理独立性是指用户的应用程序与存储在磁盘上的数据库中的数据是相互独立的。数据的物理存储改变了,应用程序不用改变。逻辑独立性是指用户的应用程序与数据库中的数据的逻辑结构是相互独立的。数据的逻辑结构改变了,用户程序不用改变。

利用数据库系统,可以有效地保存和管理数据,并利用这些数据得到各种有用的信息。常见数据库系统有大型数据库系统 SQL Server、Oracle、DB2 等以及中小型数据库系统 Access、MySQL 等。

1) 数据库系统概述

数据库系统是由数据库及其管理软件组成的系统,包括数据库(Database,DB)和数据库管理系统(Database Management System,DBMS)、数据库应用系统(Database Application System,DBAS)、数据库管理员(Database Administrator,DBA)和用户等,其中 DBMS 是数据库系统的基础和核心。

数据库是长期存储在计算机内的、有组织的、可共享的数据集合。数据库中的数据按一定的数据模型组织、描述和存储,具有较小的冗余度、较高的数据独立性和易扩展性,并可为各种用户共享。

数据库管理系统具有建立、维护和使用数据库的功能,具有面向整个应用组织的数据结构,程序与数据高度独立,具有数据共享性高、冗余度低、一致性好、可扩充性强、安全性和保密性好、数据管理灵活方便等特点,具有使用方便、高效的数据库编程语言的功能,能提供数据共享和安全性保障。

数据库管理系统包括两部分软件——应用层软件与数据库管理软件。

应用层软件负责数据库与用户之间的交互,决定整个系统的外部特征,例如采用问答或者填写表格的方式与用户交互,也可以采用文本或图形用户界面的方式等。

数据库管理软件负责对数据进行操作,例如数据的添加、修改等。

数据库管理系统主要有以下几个功能:

- 数据定义功能。提供数据定义语言,以对数据库的结构进行描述。
- 数据操纵功能。提供数据操纵语言,用户通过它实现对数据库的查询、插入、修改和删除等操作。
- 数据库的运行管理。数据库在建立、运行和维护时由数据库管理系统统一管理、控制,以保证数据的安全性、完整性、系统恢复性等。
- 数据库的建立和维护功能。数据库的建立、转换,数据的转储、恢复,数据库性能监视、分析等,这些功能需要由数据库管理系统完成。

数据库应用系统是在数据库管理系统支持下建立的计算机应用系统，例如，以数据库为基础的财务管理系统、人事管理系统、图书管理系统等。

数据库和人力、物力、设备、资金等有形资源一样，是整个组织的基本资源，具有全局性、共享性的特点，因此对数据库的规划、设计、协调、控制和维护等需要专门人员来统一管理，这些人员统称为数据库管理员。

2）数据模型

数据以及数据间的关系称为数据模型。数据库从结构上主要有 4 种数据模型，即关系模型、层次模型、网状模型和面向对象模型。

关系模型是 1970 年 IBM 公司的研究员科德(Edgar Frank Codd，1923—2003)首次提出的，是目前最重要的数据模型，它建立在严格的数学概念基础上，具有严格的数学定义。20 世纪 80 年代以来推出的数据库管理系统几乎都支持关系模型，关系数据库系统采用关系模型作为数据的组织方式。SQL Server、MySQL、Oracle、Access、Sybase、Excel 等都是常用的关系数据库管理系统。

关系模式是对关系的描述，由关系名及其所有属性名组成的集合表示，其格式为

```
关系名(属性 1, 属性 2, …)
```

例如，表 2.1 展示的关系模式可表示为

```
学生成绩管理(学号, 姓名, 高数, 英语, 计算机)
```

关系模型中数据的逻辑结构实际上就是一个二维表，它应具备如下条件：

(1) 关系模型要求关系必须是规范化的。最基本的条件是：关系的每一个分量必须是不可分的数据项。

(2) 表中每一列的名称必须唯一，且每一列除标题外必须有相同的数据类型。

(3) 表中不允许有内容完全相同的元组(行)。

(4) 表中的行或列的位置可以任意排列，并不影响它所表示的信息内容。

表 2.1 学生成绩表

学号	姓名	高数	英语	计算机
130840101	张三	90	87	92
130740103	李四	77	88	96
130840102	王五	89	97	87
…	…	…	…	……

3）从抽象到具体的实现思想

数据库技术来源于对现实世界的数据及其关系的分析和描述。其实现过程如下：首先建立抽象的概念模型，然后将概念模型转换为适合用计算机实现的逻辑模型，最后将逻辑模型映射为计算机内部具体的物理模型（存储结构）。整个过程体现了从抽象到具体的工程思维特征。

2.7.3 挖掘数据的潜在价值——数据仓库与数据挖掘

从人类认知的历史来看，最早了解自然规律的手段是观察和归纳。人类最早就是从数据中获取知识的。只是到了17世纪，由伽利略等逐步开创了现代实证主义研究的手段，观察和归纳就让位于实验。但是过去的观察手段比较落后，难以获得大量数据；而建立在小数据基础上的分析，其结论往往是不准确的，得到的结论也缺乏说服力。

随着信息技术的发展，现在获取数据的能力有了极大提高，进入了大数据时代，通过观察设备（传感器等）作用于各种自然现象、社会活动和人类行为，产生了大量的数据。因此，现在可以分析和处理这些数据，并且进行归纳和提炼。《大数据时代》的作者舍恩伯格（Viktor Mayer-Schönberger）说："大数据标志着'信息社会'终于名副其实。"当采用大数据的分析方法和处理手段来解决问题时，人们得到了一系列对于世界的新认知，极大地提高了人们的认识能力，也丰富了人们的知识体系。这些成果包括 AlphaGo、语音识别、图像识别、自动驾驶等领域。

1. 大数据

1）大数据的概念

知名研究机构 Gartner 公司给出了这样的定义：大数据（big data）是指无法在一定时间范围内用常规软件工具捕捉、管理和处理的数据集合，是需要新的处理模式才能产生更强的决策力、洞察发现力和流程优化能力的海量、高增长率和多样化的信息资产。

麦肯锡全球研究院给出的定义是：大数据是一种规模大到在获取、存储、管理、分析方面大大超出了传统数据库软件工具能力范围的数据集合。它具有海量的数据规模、快速的数据流转、多样的数据类型和价值密度低四大特征。

当前对大数据概念的基本共识是：大数据泛指无法在可容忍的时间内用传统信息技术和软硬件工具对其进行获取、管理和处理的巨量数据集合。它具有海量性、多样性、时效性及可变性等特征，需要可伸缩的计算体系结构以支持其存储、处理和分析。

大数据最根本的价值在于为人类提供了认识复杂系统的新思维和新手段。著名计算机科学家、图灵奖获得者格雷(James Nicholas Gray)将数据密集型科研称为继实验观测、理论推导和计算模拟之后人类探索未知、求解问题的"第四范式",即数据驱动。基于数据,人们可以触摸、理解和逼近现实中的复杂系统。

2) 大数据的特点

大数据具有5个特点,可以用5个V来代表:

(1) 数据量大(Volume)。大数据的计量单位一般是PB、EB或ZB。

(2) 产生速度快、时效性强(Velocity)。这是大数据区别于传统数据最显著的特征。

(3) 类型繁多(Variety)。大数据的数据类型繁多,包括网络日志、音频、视频、图片、地理位置信息等,多种类型的数据对数据的处理能力提出了非常高的要求。

(4) 真实性(Veracity)。只有真实的数据才对数据的管控和治理真正有意义。

(5) 数据价值密度低(Value)。大数据的数据价值密度较低。以视频为例,在连续监控的过程中,可能有用的数据仅仅有一两秒。如何通过强大的算法快速完成数据价值提纯,是大数据时代亟待解决的难题。

大数据时代对人类的数据驾驭能力提出了新的挑战,同时也为人们获得更为深刻、全面的洞察能力提供了前所未有的空间与潜力。

简言之,从各种类型的数据中快速获得有价值信息的能力就是大数据技术。

3) 大数据的应用

大数据的应用主要体现在以下几方面:

(1) 改善人们的生活。大数据不只是应用于企业和政府,同样也应用于人们的生活当中。例如,人们可以利用可穿戴智能设备(如智能手表或者智能手环)生成最新的数据,以根据热量消耗以及睡眠模式进行健康情况追踪。

(2) 业务流程优化。大数据可以帮助业务流程实现优化。其中应用最广泛的就是供应链以及配送路线的优化:利用地理定位和无线电频率识别追踪货物和送货车,利用实时交通状况数据确定更加优化的路线。

(3) 理解客户,满足客户服务需求。大数据的应用目前在该领域是最广为人知的。很多企业搜集社交方面的数据、浏览器的日志、传感器的数据等,并建立数据模型进行预测,以更好地了解客户以及他们的爱好和行为。例如,美国的著名零售商Target就是通过大数据分析得到有价值的信息,精准地预测客户在什么时候要生小孩,从而推断出客户什么时候会买母婴用品。又如,通过大数据的应用,电信公司可以更好地预测流失的客户,超市可以更加精准地预测哪个产品会热销,汽车保险行业可以更精准地了解客户的需求和驾驶水平,政府也能更精准地了解选民的偏好。

(4) 在体育行业的应用。现在很多运动项目在训练的时候应用大数据技术。例如,使用视频分析技术追踪和分析比赛中每个球员的表现,使用智能技术追踪运动员的营养状况以及睡眠状况,并智能地给出战术策略和健康营养方面的建议。

(5) 提高医疗水平。大数据分析技术的计算能力可以帮助医生制订最佳的治疗方案,同时可以使医生更好地理解和预测疾病。例如,在医院通过记录和分析早产婴儿和患病婴儿的心跳等指标的大数据,可以帮助医生针对婴儿可能出现的不适症状做出及时预测。

(6) 金融交易。大数据在金融行业主要应用于金融交易。例如,现在很多股权交易是利用大数据算法进行的。

(7) 改善城市管理。大数据还可应用于改善城市管理。例如,基于城市实时交通信息和天气数据优化交通管理。

(8) 提高国家、企业和社会的安全性。大数据现在已经广泛应用到与安全相关的领域中。各国安全机构利用大数据打击恐怖主义;企业应用大数据技术防御网络攻击;公安部门利用大数据工具抓捕罪犯;信用卡公司利用大数据工具监测欺诈性交易。

(9) 优化机器和设备性能。大数据分析还可以让机器和设备更加智能化和自主化,例如无人驾驶汽车等。

4) 大数据与云计算的关系

云计算是一种基于互联网的计算方式,通过这种方式,共享的软硬件资源和信息可以按需提供给计算机和其他联网设备。大数据与云计算的关系就像一枚硬币的正反面一样密不可分。大数据的特色在于对海量数据进行分布式数据挖掘,但它必须依托云计算的分布式处理、分布式数据库、云存储和虚拟化技术。

2. 数据挖掘

1) 数据挖掘的概念

数据已经渗透到当今每一个行业和业务职能领域,成为重要的生产要素。

数据挖掘(Data Mining,DM)的概念是 1989 年 8 月在美国底特律召开的第 11 届国际联合人工智能学术会议上正式提出的。从 1995 年开始,ACM 数据挖掘及知识发现专委会(SIGKDD)每年举行一次数据库知识发现(Knowledge Discovery in Database,KDD)国际学术会议,把对 DM 和 KDD 的研究推向高潮。DM 还被译为数据采掘、数据开采、数据发掘等。

数据挖掘就是从大量数据中获取有效的、新颖的、潜在有用的、最终可理解的模式的非平凡过程。简单地说，数据挖掘就是从大量数据中提取或挖掘知识。与传统的数据分析不同，数据挖掘是在没有确定的假设的前提下挖掘信息、发现知识，其目的不在于验证某个假定模式的正确性，而是在数据库中找到数据模式。例如，商业银行可以利用数据挖掘方法对客户数据进行科学的分析，发现其数据模式及特征、存在的关联关系和业务规律，并根据现有数据预测未来业务的发展趋势，对商业银行管理、商业决策制订、核心竞争力提升具有重要的意义和作用。

数据挖掘是 KDD 过程中对数据真正地应用算法抽取知识的过程，是 KDD 过程中的重要环节。

2) 数据挖掘的作用

在大数据时代，数据挖掘是最关键的工作。数据挖掘是一种决策支持过程，它能够基于人工智能、机器学习、模式识别、统计学、数据库、可视化技术等，高度自动化地分析企业的数据，做出归纳性的推理，从中挖掘出潜在的数据模式，帮助决策者调整市场策略，降低风险，做出正确的决策。数据挖掘的应用领域非常广泛，例如金融（风险预测）、零售（顾客行为分析）、体育、电信、气象、电子商务等。数据挖掘可以应用于各种行业，并且为解决欺诈甄别（fraud detection）、保留客户（customer retention）、消除摩擦（attrition）、数据库市场营销（database marketing）、市场细分（market segmentation）、风险分析（risk analysis）、亲和力分析（affinity analysis）、客户满意度（customer satisfaction）、破产预测（bankruptcy prediction）、投资分析（portfolio analysis）等业务问题提供了有效的方法。

【尿布和啤酒】

在一家超市里，有一个有趣的情景：尿布和啤酒赫然摆在一起出售。但是这个奇特的举措却使尿布和啤酒的销量双双增加了（图 2.27）。这不是一个笑话，而是发生在美国沃尔玛连锁超市的真实案例。

图 2.27 “尿布与啤酒”现象

沃尔玛拥有世界上最大的数据仓库系统。为了能够准确了解顾客在其门店的购买习惯,沃尔玛对顾客的购物行为进行了购物篮分析,以了解顾客经常一起购买的商品有哪些。沃尔玛数据仓库里集中了其各门店的详细原始交易数据。在这些原始交易数据的基础上,沃尔玛利用数据挖掘方法对这些数据进行分析和挖掘。一个意外的发现是:跟尿布一起购买得最多的商品竟是啤酒!经过大量实际调查和分析,揭示了隐藏在“尿布与啤酒”现象背后的美国人的行为模式:在美国,一些年轻的父亲下班后经常到超市买婴儿尿布,而他们中有30%～40%的人同时也为自己买一些啤酒。产生这一现象的原因是:美国的太太们常叮嘱丈夫下班后为小孩买尿布,而这些男人们在买了尿布后,又随手带回了他们喜欢的啤酒。

按常规思维,尿布与啤酒风马牛不相及,若不是借助数据挖掘技术对大量交易数据进行挖掘分析,沃尔玛不可能发现交易数据内隐藏的这一有价值的规律。

3）数据挖掘的步骤

数据挖掘的主要步骤如下:

(1) 研究问题域。包括掌握应预先了解的有关知识和确定数据挖掘任务。

(2) 选择目标数据集。根据上一步骤的要求选择要进行挖掘的数据。

(3) 数据预处理。对数据进行集成、清理、变换等预处理,使数据转换为可以直接应用数据挖掘工具进行挖掘的高质量数据。

(4) 挖掘数据模式。根据数据挖掘任务和数据性质选择合适的数据挖掘工具,挖掘数据模式。

(5) 数据模式解释与评价。去除无用的或冗余的数据模式,将有趣的数据模式以用户能理解的方式表示,并存储起来或提交给用户。

(6) 应用。用得到的数据模式指导决策。

3. 数据仓库

1）数据仓库的概念

数据仓库早在20世纪90年代起就开始流行。由于它为最终用户处理决策需要的信息提供了一种有效方法,因此得到广泛应用和快速发展。

伊蒙(William H. Inmon)在《数据仓库》中将数据仓库定义为“面向主题的、集成的、随时间变化的、历史的、稳定的、支持决策制定过程的数据集合”。

数据仓库研究和解决如何从数据库中获取信息的问题。数据仓库中存储着由数据库转换和整合而来的数据,特别是从联机事务处理(On-Line Transactional Processing,OLTP)系统得来的数据。这个转换及整合数据的过程是建立数据仓库最大的挑战,它需要把不同源的数据整合在一起,解决所有的数据冲突问题,然后把所有数据导入数据仓库，这是一项巨大的工程。数据仓库中的数据主要包括整合性数据、详细数据、汇总数据、历史数据以及解释数据的数据。

2）数据仓库与数据挖掘的关系

若将数据仓库比作矿井，那么数据挖掘就是深入矿井采矿的工作，数据挖掘是从数据仓库中找出有用信息的技术。

数据挖掘需要高质量的数据，因此需要认真选择或者建立一种适合数据挖掘应用的数据环境。数据仓库能够满足数据挖掘技术对数据环境的要求。因为数据仓库是一个用来更好地支持企业或组织的决策分析处理的数据集合，它具有面向主题的、集成的、不可更新的、随时间不断变化的特点。

数据挖掘和数据仓库的协同工作有两方面的意义：一方面，可以简化数据挖掘过程中的重要步骤，提高数据挖掘的效率和能力，确保数据挖掘中数据来源的广泛性和完整性；另一方面，数据挖掘技术已经成为数据仓库应用中极为重要和相对独立的方面和工具。

数据仓库不是必需的。如果只是为了进行数据挖掘，也可以把一个或几个事务数据库导到一个只读的数据库中，把它当作数据集市（data mart），然后在其上进行数据挖掘。

4. 人工智能与大数据时代的数据思维

英国数学家、逻辑学家和密码学家图灵（Alan Mathison Turing，1912—1954）于 1936 年提出了抽象计算模型——图灵机。图灵于 1950 年发表了论文《计算机器与智能》，表明计算机器能够模拟人类行为并进行逻辑演算。图灵的科学成就为计算机科学尤其是人工智能理论奠定了基础。人工智能使得计算机能够以机器学习和深度学习的方式进行理性思考，能够模仿人类的方式做出决策。

人类史上经历的三次工业革命对人们生活方式的改变起了巨大的推动作用。1965 年，英特尔公司创始人戈登·摩尔（Gordon Moore，1929—）提出了著名的摩尔定律。该定律指出，大约隔 18 个月，集成电路上可容纳晶体管的数量就会翻一番，性能随之提高一倍。1998 年，图灵奖获得者格雷提出了新摩尔定律。他认为，人类有史以来的数据总量每隔 18 个月就会翻一番。

斯坦福大学和麦肯锡公司的报告显示，人工智能的计算能力每 3 个月左右就翻一番。50 量子比特（quantum bit）的量子计算机，一步就能进行 2^{50} 次运算，等于 1 125 899 906 842 624，即超过 1000 万亿次运算。科学研究往往受限于计算能力。人工智能利用深度学习算法分析大数据的能力，以无可匹敌的姿态引发了科学研究的效率革命。

数据是人工智能的基础。大数据技术是从各种各样的数据中快速获取有价值的信息，挖掘隐藏在数据背后的规律，从而使数据发挥最大的价值。

如果数据确实是人工智能发展的主要资源，那么中国已经遥遥走在世界前列。据 2020 年 9 月发布的第 46 次《中国互联网络发展状况统计报告》的统计，目前中国有 9.4 亿人使用互联网，有 9.32 亿个智能手机用户和近 2 亿个监控摄像头，中国的这些数据已超过了美国和欧洲国家的总和。

1）人工智能与数据的关系

人工智能的出现，使得数据的使用需求增强。人工智能的进化，使得数据的方法体系增强。人工智能的发展，使得数据的保护意识增强。人工智能的应用，使得数据的融合贯通增强。人工智能与大数据相辅相成，揭开了科学研究进化的全新篇章。

2）数据的价值

从简单数据的处理到复杂数据的组织管理以及数据挖掘，人们逐渐认识到数据的价值。人们利用数据进行论证、决策和知识发现，这就是数据思维，它已逐渐成为人们的基本思维方式。

3）大数据时代的思维发展趋势

随着互联网思维的兴起、大数据科技的广泛运用、云计算技术的快速发展以及可穿戴智能设备等新一代信息技术的迅猛发展和广泛普及，大数据成为人们的关注热点，带来了生产、生活、教育、思维方式等诸多大变革。

大数据时代的思维发展趋势主要有两个：一是大数据的预测性；二是大数据的渗透带来的跨界思维。大数据跨界合作是一种不断增值的过程，而且大数据跨界合作推动了智能化的发展。

2.8 程序思维

乔布斯说："每个人都应该学习计算机编程，因为它会教你如何思考。"

计算机进行问题求解的过程一般是从应用问题抽象到数学建模再到计算机编程求解的过程。

2.8.1 计算机程序如何描述现实事物及其关系

1. 数据和数据类型

现实世界中的信息需要用编程语言提供的符号化手段进行表示，这种符号化表示称为数据。

计算思维的本质之一是抽象。利用抽象可以让人们忽视一些不必要、不相关的细节，专注于问题的关键元素，使得复杂的现实事物和问题逐步降维、化简，最终实现计算机可解。

数据就是对现实世界问题的抽象。数据表示形式的选择必须依据数据所执行的操作来考虑，以便更方便、高效地处理数据。

为什么要将数据划分为各种数据类型？主要原因如下。

(1) 客观世界是复杂的、多样的、多变的，因此数据也是复杂的、多样的、多变的，而且不同的数据在存储、表示、运算上都有所不同。为此，程序需要对数据进行分类，以便规范和简化数据的处理过程，提高程序设计的简明性。

(2) 在编程语言中，每一种数据类型由两部分组成：全体合法的值和对合法值执行的各种数据操作(即对数据的运算)。

因为数据类型决定了合法的数据操作，不合法的数据操作将导致程序错误，因此数据类型的重要作用之一是通过类型检查发现程序中的错误。例如，将一位学生的姓名乘以他的分数显然是没有意义的，可是计算机无法发现这样的无意义的操作错误，这种错误只能在程序运行时才能暴露出来。但是，有了数据类型的概念，编译器或解释器就能早早发现程序中的这类错误，使得程序员在程序运行之前就有机会发现和修改错误。因此，数据类型有助于提高程序的运行效率。

一般来说，高级程序设计语言均提供以下 5 种数据类型：

(1) 整型。

(2) 浮点型。

(3) 布尔型。

(4) 字符串类型。

(5) 组合类型。

例如，Python 语言中的数据类型主要有整型、浮点型、布尔型、字符串类型和组合类型。其中，组合类型包括序列类型(列表、元组)、映射类型(字典)和集合类型。

2. 利用常量、变量和对象 3 种方式将现实世界事物输入计算机程序

计算思维的抽象还体现在利用常量、变量和对象 3 种方式将现实世界事物输入计算机程序。大多数编程语言利用这 3 种基本方式来引用数据，为计算机解决实际问题提供必要的数据支撑。

例如，已知半径，要计算圆的面积和周长。可以对半径、圆面积和周长数据进行抽象,给它们起一个有意义的、符合编程语言命名规则的名字,称之为变量。变量是程序的重要概念,程序中对数据的各种操作都是通过变量实现的。

【圆的周长和面积】

输入圆的半径,计算圆的周长和面积。

解:算法如下:

```
r=float(input('输入圆的半径: '))
c=2*3.14*r
s=3.14*r*r
print("圆的周长为{0:.2f},圆的面积为{1:.2f}".format(c,s))
```

运行结果如下:

```
输入圆的半径: 12
圆的周长为 75.36, 圆的面积为 452.16
```

3. 利用4类基本结构描述现实世界事物间的关系

现实事物间具有集合、线性结构、树和图4类基本结构,任何复杂关系都可以由这4类基本结构组合而成。

2.8.2 问题求解中的控制抽象——程序控制结构

编程语言必须提供表示过程和数据的方法。为此,编程语言提供了控制结构和数据类型。控制结构允许以方便而明确的方式表示算法步骤。也就是说,程序设计主要做两件事情:一是用特定数据类型和数据结构进行数据抽象;二是用控制结构将信息处理过程表示出来,称为控制抽象。

1966年,计算机科学家玻姆(Barry W. Boehm)和雅可皮尼(Giuseppe Jacopini)提出并从数学上证明了以下观点:任何一个算法都能以3种基本控制结构表示,即顺序结构、选择结构和循环结构。因此,高级程序设计语言都提供这3种控制结构,可以方便地实现算法。

学习编程语言最重要的是掌握通过编程解决问题的思维方式,培养和锻炼解决问题的能力。这些能力除了前面介绍的基于递归、分治等算法解决问题的能力外,还包括逻辑思维能力、架构能力、使用循环解决问题的能力和使用函数解决问题的能力。

1. 逻辑思维能力

逻辑思维是人类运用概念、判断、推理等方法发现事物本质与规律的认识过程,属于抽象思维,是思维的一种高级形式。其特点是以概念、判断和推理作为思维的基本形式,以分析、综合、比较、抽象、概括和具体化作为思维的基本过程,从而揭示事物的本质特征和规律性联系。

【旅游地点的安排问题】

某个旅行团要去西藏旅游,除拉萨市之外,还有 6 个城市或景区可供选择:E 市、F 市、G 湖、H 山、I 峰、J 湖。考虑时间、经费、高原环境、人员身体状况等因素,对旅游地点有以下要求:

(1) G 湖和 J 湖至少要去一处。

(2) 如果不去 E 市或者不去 F 市,则不能去 G 湖游览。

(3) 如果不去 E 市,也就不能去 H 山游览。

(4) 只有越过 I 峰,才能到达 J 湖。

如果由于气候原因,这个旅行团不去 I 峰,以下哪项一定为真?

A. 该旅行团去 E 市和 J 湖游览

B. 该旅行团去 E 市而不去 F 市游览

C. 该旅行团去 G 湖和 H 山游览

D. 该旅行团去 F 市和 G 湖游览

解:为便于讨论,将 6 个旅游地点抽象为 6 个逻辑变量 E、F、G、H、I、J。

条件(1):G 或 J。

条件(2):非 E 或非 F→非 G,即 E 且 F←G。

条件(3):非 E→非 H。

条件(4):I←J,即非 I→非 J。

根据条件(4),非 J。

再根据条件(1),非 J,则 G。

根据条件(2),G 则 E 且 F。

根据条件(3),H 不确定。

所以:

- 必真:E、F、G。
- 必假:I、J。
- H 不定。

因此正确答案为 D。

体现逻辑思维的例子很多，例如数独游戏等。

2. 架构能力

当人们面对越来越复杂的工程问题时，架构能力就越来越重要。软件架构也称为软件体系结构，是在一定的设计原则基础上，从不同角度对组成软件系统的各部分进行搭配和安排，包括软件系统的各个组件、组件的外部可见属性以及组件之间的关系。简单地说，软件架构就是软件系统草图，用于指导大型软件系统各方面的设计。

软件架构还要符合系统完整性、经济约束条件、审美需求和样式的要求。它不仅注重对软件内部的考虑，而且要在用户环境中对软件系统进行整体考虑，即同时注重对软件外部的考虑。

如果将软件比作建筑，那么软件架构就是建筑的框架。建造小房子不需要复杂的框架；同样，小型软件也不需要复杂的架构，面向过程、面向对象等架构就能满足需要了。但建造高楼大厦就离不开复杂的框架；大型软件也依赖于复杂的架构，否则无法化解其复杂度，无法持续更新升级、运维等。从这个角度看，架构师就相当于建筑设计师，需要具有创新能力。

建筑中的构件包括砖、水泥立柱、预制板等，连接件包括连通每个楼层的楼梯和电梯等，建筑的约束就是根据所在地域位置的自然和社会条件来确定设计内容。同样，软件体系结构＝{构件，连接件，约束}。

计算机科学家和数学家一样，使用形式语言表达概念。他们也要像工程师一样设计构件，然后组合成系统，再评估成本效益。他们还要像自然科学家一样，观察复杂系统的变化，提出假说，并且验证预期的结果。

3. 使用循环解决问题的能力

循环结构是指在程序中为了反复执行某个功能而设置的一种程序结构，它可以多次执行一个语句或语句组，由循环体中的条件判断是继续执行循环中的功能还是退出循环。根据判断条件，循环结构分为先判断后执行和先执行后判断两种形式。

例如，输出 100 个星号，输出 500 个“你好”，保存 30 份内容完全相同的文件，都可以利用循环结构实现。

【简单的循环结构】

计算 $1+2+\cdots+n$ 的值，n 由用户输入。

解：这是一个等差数列，可以利用数学中的求和公式 $S=(n(1+n))/2$ 得到本问题的解。

在实际应用中并不一定都会遇到这样有规律的数列，即不一定都能够找到一个数学公式来解决问题。这时，可以在程序中引入循环控制结构，循环 n 次，每次循环累加一个数，被累加的数的取值范围为 $1 \sim n$。

用流程图描述的累加算法如图 2.28 所示。

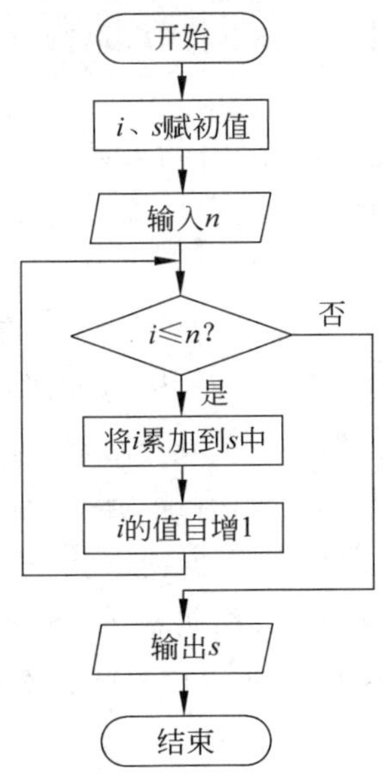

图 2.28 用流程图描述的累加算法

Python 程序如下：

```
n=eval(input("请输入 n: "))
s=0
for i in range(1,n+1):
    s=s+i
print ('1+2+…+', n, '=', s)
```

运行结果如下：

```
请输入 n: 10
1+2+…+10=55
```

4. 使用函数解决问题的能力

在软件开发过程中，经常会在不同的代码位置多次执行相似或完全相同的代码段，这时就可以将需要反复执行的代码段封装为函数（或模块），并在需要执行该代码段功能的地方进行函数调用（或模块的导入），就可以实现代码的复用。

在软件开发过程中可以把大任务拆分成多个函数，这也是分治法的典型应用，使复杂问题简单化，使软件开发像搭积木一样简单。

函数是组织好的、可重复使用的、实现单一功能的代码段。函数能提高软件的模块化程度和代码的重复利用率。

高级程序设计语言都提供了标准函数和自定义函数的功能。

以 Python 为例，其可重用代码包括内置函数、标准库和第三方库等。在 Python 中可以使用内置函数、库函数和自定义函数。

1）Python 的内置函数、标准库和第三方库

Python 的内置函数是默认安装和加载的基本模块，这些函数不需要导入库，直接使用即可。Python 共提供了 68 个内置函数，例如，print()、内置的数值运算函数、内置的字符串运算函数等。

标准库内置在 Python 安装包中，不需要单独安装，只需要在程序中导入。受限于安装包的容量，标准库包含的函数数量不太多，大约 270 个。标准库位于 Python 安装目录的 lib 子目录下。

Python 之所以得到各行业的青睐，与其庞大的第三方库有很大关系，而且这些库每天都在以迅猛的速度在增加，大幅度地提高了各行各业软件的开发速度。这些大量的标准库和第三方库不是 Python 默认安装和加载的模块，需要导入之后才能使用其中的对象，模块的文件类型是.py。

第三方库由全球各行业专家、工程师和爱好者开发。第三方库需要先安装，才能在程序中导入。

Python 标准库和第三方库都需要先导入程序才能使用。

Python 中导入库的方法主要有 import 语句和 from…import 语句两种。

（1）用 import 语句导入库的格式如下：

```
import 库名 1[, 库名 2[,…,库名 N]]
```

使用库函数的格式如下：

```
库名.函数名(参数)
```

例如：

```
>>> import math
>>> math.sqrt(9)
```

```
3.0
>>> math.sin(2)
0.9092974268256817
```

(2) 用 from…import 语句导入库有如下两种格式。

```
from 库名 import 函数名 1[,函数名 2[, … 函数名 N]]
from 库名 import *
```

第一种格式是从库中导入指定的函数。

第二种格式是把一个库中的函数导入程序。这种导入方式可以减少程序查询库的次数,提高运行速度,同时也减少了程序员需要输入的代码量,不需要使用库名作为函数名的前缀。这种导入库方式虽然写起来比较省事,但不推荐使用。因为如果多个库中有同名函数,这种导入方式会导致只有最后导入的库中的同名函数是有效的,而前面导入的库中的同名函数无法访问。

使用模块的格式如下:

```
函数名(参数)
```

例如:

```
>>> from math import sqrt,sin
>>> sqrt(9)
3.0
>>> sin(2)
0.9092974268256817
```

【随机生成 4 位验证码】

现需要随机生成 4 位验证码。4 位验证码中的每一位可以是 3 种情况:数字 0～9、大写字母 A～Z 或小写字母 a～z。

解:

Python 程序如下:

```
import random            #导入生成和使用随机数的 Python 标准库——random 库
checkcode=''
for i in range(4):                          #每循环一次产生一位验证码
    n=random.randrange(0, 3)        #生成随机数 0～2(因为有 3 种情况)
```

```
    if n==0:
        tmp=chr(random.randrange(65, 91))   #65~90 对应 ASCII 码表中的 A~Z
    elif n==1:
        tmp=chr(random.randrange(97, 123))  #97~122 对应 ASCII 码表中的 a~z
    else:
        tmp=random.randrange(0, 10)         #生成随机数字 0~9
    checkcode+=str(tmp)
print(checkcode)
```

运行结果如下：

```
8ZjL
```

2）自定义函数

程序员在编程过程中发现某些代码需要重复编写，而 Python 内置函数、标准库和第三方库中又没有此函数，此时就需要自己编写的函数，称为自定义函数。

自定义函数的一般格式为

```
def 函数名(<形式参数表>)
    <函数体>
[return <返回值列表>]
```

自定义函数不应当与内置函数或变量重名，不能以数字开头。形式参数表是用逗号分隔的多个参数，也可以省略。函数体内所有语句相对于 def 关键字必须保持一定的缩进；return <返回值列表>表示退出函数时可以返回多个值。此语句一旦执行，就表示自定义函数运行结束，并返回调用自定义函数的程序中。如果没有 return 语句，函数执行完毕后默认返回 None。不带参数值的 return 语句也会返回 None。

【求任意区间所有整数的和】

在前面的例子中，使用简单的循环结构计算 $1+2+\cdots+n$ 的值。如果编写一个通用的求任意区间（设区间为$[i,j]$）所有整数和的函数，就可以提高软件的模块化和代码的重复利用率。

解：

Python 程序如下：

```
def mySum( i, j ):        # 定义函数
    s=0
    for k in range(i,j+1):
        s=s+k
    return s
x=eval(input("请输入 x: "))
x=eval(input("请输入 x: "))
print(mySum(x,y))         #调用函数
```

运行结果如下：

```
请输入 x: 1
请输入 y: 3
6
```

2.8.3 程序设计方法

从 20 世纪 60 年代末以来，出现了许多程序设计方法，其中最具影响力的是结构化方法、面向对象方法和形式化方法。本节介绍前两种方法。

1. 结构化程序设计方法

1965 年，迪杰斯特拉提出了结构化程序设计(Structured Programming，SP)方法。

该方法的主要思想如下：

(1) 结构化程序设计采用自顶向下、逐步求精的方法，各个模块通过顺序、选择、循环 3 种基本控制结构进行连接，并且只有一个入口和一个出口。

(2) 结构化程序设计的原则可表示为“程序＝算法＋数据结构”。

结构化程序设计方法采用了计算思维中的分解和分治策略，将顶层问题的求解目标逐层分解成子目标，每个子目标用相应的程序模块或函数实现，这样构成求解整个问题的程序，使复杂问题简单化，使软件开发像搭积木一样简单。

结构化程序设计方法也称面向过程的程序设计方法。这种方法首先分析解决问题所需的步骤，然后用函数把这些步骤一步一步地实现，在运行的时候依次调用就可以了，即该方法侧重设计一步步的过程来解决一个问题。

【五子棋游戏】

使用结构化设计方法，写出五子棋游戏(图 2.29) 的设计思路。

解：首先分析解决问题的步骤：第 1 步，开始游戏；第 2 步，黑子先走；第 3 步，绘制画面；第 4 步，判断输赢；第 5 步，轮到白子；第 6 步，绘制画面；第 7 步，判断输赢；第 8 步，返回第 2 步；第 9 步，输出最后结果。然后把上面每个步骤分别用函数来实现，问题就解决了。

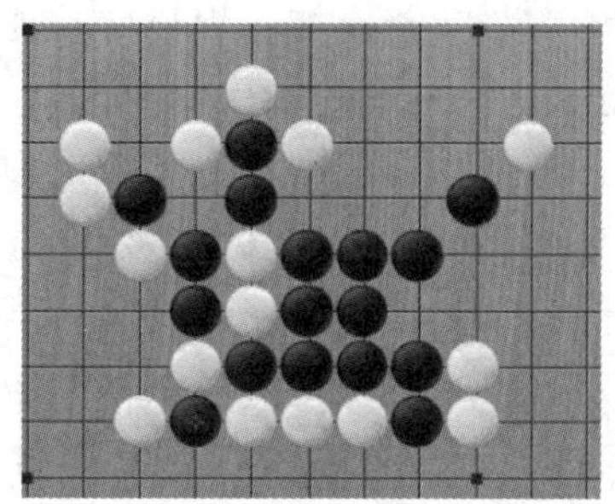

图 2.29 五子棋游戏

2. 面向对象的程序设计方法

随着计算机技术的发展，软件工程师越来越注重系统整体关系的表述，于是出现了数据模型技术（把数据结构与算法看作一个独立功能模块），这便是面向对象程序设计的雏形。在 20 世纪 60 年代后期出现的面向对象编程语言 Simula-67 中首次引入了类和对象的概念，自 20 世纪 80 年代中期起，人们开始注重面向对象分析和设计的研究，逐步形成了面向对象方法学。到了 20 世纪 90 年代，面向对象方法学已经成为开发软件时首选的范型。

前面讲到，面向过程就是分析解决问题所需的步骤，然后用函数把这些步骤一步一步地实现，在运行的时候依次调用。而面向对象是把构成问题的事物分解成各个对象，建立对象的目的不是为了完成一个步骤，而是为了描述某个事物在整个解决问题的过程中的行为。简单地说，面向对象方法侧重描述一个对象，且描述这个对象的代码可以被多次使用。

【又见五子棋游戏】

使用面向对象的设计方法，写出五子棋游戏的设计思路。

解：面向过程的设计方法的思路是：首先分析问题的步骤，然后把每个步骤分别用一个函数实现。而面向对象的设计方法的思路是：整个五子棋可以分为 3 类对象。第一类是黑白双方，这两方的行为是一模一样的；第二类是棋盘对象，负责绘制画面；第三类是规则对象，负责判定犯规、输赢等。

第一类对象（黑白双方）负责接收用户输入，并告知第二类对象（棋盘对象）棋局的变化；棋盘对象接收到棋局的变化，就在屏幕上显示这种变化，同时利用第三类对象（规则对象）对棋局进行判定。

可以明显地看出，面向对象是以功能而不是步骤来划分问题。同样是绘制棋局，这样的行为在面向过程的设计中分散在多个步骤中，很可能出现不同的绘制效果，因为通常设计人员会考虑对实际情况进行各种各样的简化。而在面向对象的设计中，绘图只可能在棋盘对象中出现，从而保证了绘图效果的统一。功能的划分保证了面向对象设计的可扩展性。

例如,若要加入悔棋的功能,采用面向过程的设计时,那么从输入到判断再到显示这一连串的步骤都要改动,甚至步骤之间的顺序都要进行大规模调整;而采用面向对象的设计时,只要改动棋盘对象就行了,棋盘对象保存了黑白双方的棋步,简单回溯就可以了,而显示和规则判断则不用改变,同时对象功能的调用顺序也没有变化,改动只是局部的。

再如,若要把五子棋游戏改为围棋游戏,采用面向过程的设计时,那么五子棋的规则就分布在程序中的很多地方,要改动还不如重写;而采用面向对象的设计时,只要改动规则对象就可以了,因为五子棋和围棋的主要区别就在于规则,而下棋的大致步骤从面向对象方法的角度来看没有任何变化。

面向对象方法的出发点和基本原则是尽可能模拟人类的思维方式,使开发软件的方法与过程尽可能接近人类认知世界、解决问题的方法与过程,也就是使描述问题的问题空间(也称为问题域)与实现解法的解空间(也称为求解域)在结构上尽可能一致。面向对象方法中的对象概念是让软件开发者自己定义或选取解空间对象,然后把软件系统作为一系列离散的解空间对象的集合。应该使解空间对象与问题空间对象尽可能一致。解空间对象之间通过发送消息来通信,从而得出问题的解。

也就是说,面向对象方法把程序看作相互协作而又彼此独立的对象的集合。每个对象就像一个微型程序,有自己的数据、操作、功能和目的。在许多系统中,解空间对象都可以直接模拟问题空间的对象,解空间与问题空间的结构是一致的,因此,这样的程序易于理解和维护。

面向对象方法可以用下列方程表示:

面向对象方法=对象+类+继承+使用消息通信

面向对象方法具有下述4个要点:

(1) 面向对象方法认为客观世界的问题都是由客观世界中的实体及实体间的关系构成的。可以把客观世界中的实体抽象为问题空间中的对象,即客观世界是由各种对象组成的,任何事物都是对象,复杂的对象可以由简单的对象以某种方式组合而成。因此,面向对象的软件系统是由对象组成的,软件中的任何元素都是对象,复杂的软件对象由简单的软件对象组合而成。由此可见,面向对象方法用对象分解取代了传统方法的功能分解。对象是问题空间和解空间中某些事物的抽象,反映该事物在系统中需要保存的信息和发挥的作用,即对象是数据和操作的封装体。对象的属性指描述对象的数据。对象的方法是为响应消息而要完成的算法,表示对象内部实现的细节,对象方法集合体现了对象的行为能力。

(2) 面向对象方法把所有对象划分成多个对象类(简称类),每个对象类都定义了一组数据和一组方法。类是对一个或几个相似对象的描述。类是具有相同(或相似)属性和操作的对象的集合,类是对象的抽象,而对象是类的具体实例化。换句话说,类是对象的模板,对象是类的实例(instance)。

例如,整数是一个类,2、3 和 5 等都是整数这个类的对象,都可以进行算术运算和比较大小。

(3) 面向对象方法按照子类(也称派生类)与父类(也称基类)的关系,把若干对象类组成一个具有层次结构的系统(也称类等级)。在这种层次结构中,通常下层的派生类具有和上层的基类相同的特性(包括数据和方法),这种机制称为继承(inheritance)。图 2.30 就是一个反映继承机制的例子。

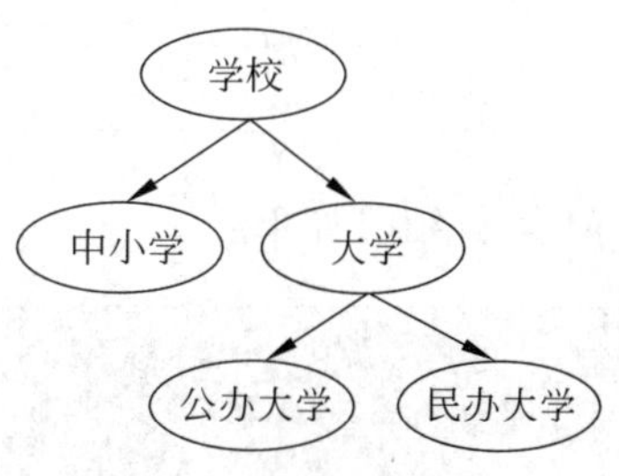

图 2.30 继承机制的例子

简单地说,当类 A 不但具有类 B 的属性,而且具有自己的独特属性时,称类 A 继承了类 B。类 A 由两部分组成:继承部分和增加部分。继承部分是从类 B 继承的代码,增加部分是专为类 A 编写的新代码。

(4) 对象之间仅通过传递消息互相联系。消息用来请求对象执行某一处理或响应某些要求。对象间的通信是通过消息传递来实现的。对象与传统的数据有本质区别:对象不是被动地等待外界对它施加操作;相反,对象是进行处理的主体,外界必须发送消息请求执行它的某个操作,处理它的私有数据,而不能直接对它的私有数据进行操作。也就是说,对象的私有信息都被封装在对象类的定义中,就好像装在一个黑盒子中一样,外界看不见,更不能直接使用,这就是封装性。

封装是一种信息隐蔽技术,外界只能看到对象封装界面上的信息,对象内部对用户是不可见的。封装是将相关的数据隐藏在接口方法中。例如,登录窗口就是操作系统提供的隐藏计算机资源的一个接口方法。又如,可视化开发工具提供的命令按钮等控件可以由程序员方便地改变属性,而其实现细节都被封装起来了。封装体现了良好的模块性,极大地方便了软件的维护和修改,这也是软件技术追求的目标之一。

前面介绍过,可以将需要反复执行的代码封装为函数或模块。

【日历问题】

导入 calendar 模块。用户输入要查询的年和月后,显示相应的月历。

解：

Python 程序如下：

```
from calendar import month
yy=int(input("输入年份: "))
mm=int(input("输入月份: "))
print(month(yy,mm))
```

运行结果如下：

```
输入年份: 2019
输入月份: 7
     July 2019
Mo Tu We Th Fr Sa Su
 1  2  3  4  5  6  7
 8  9 10 11 12 13 14
15 16 17 18 19 20 21
22 23 24 25 26 27 28
29 30 31
```

在本例中，调用了函数 month 来显示某月的月历，程序员无须编写此函数的具体代码，也无须了解其细节。Python 将许多函数封装在语言系统内部，大大提高了编程效率，减少了软件维护开销。

如图 2.31 所示，“教师”类具有“姓名”“年龄”等 5 个属性、“调工资”等 3 个操作

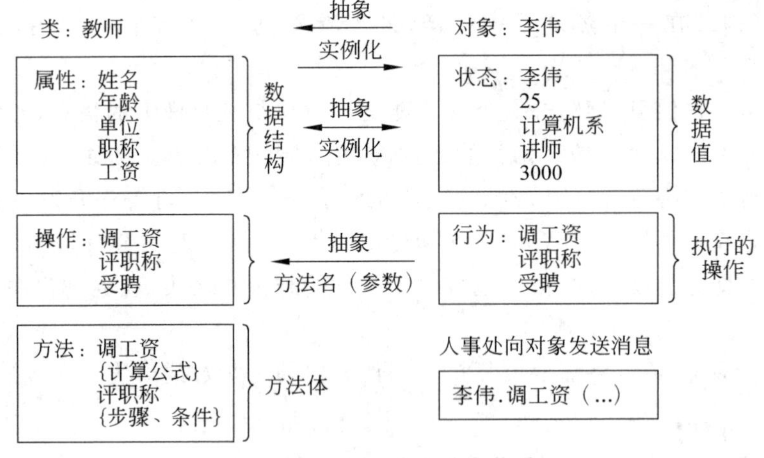

图 2.31　对象、类和消息传递

和“调工资”等两个方法。“教师”类的一个实例就是对象“李伟”,该对象相应地具有状态和行为。在图 2.31 中,人事处向对象“李伟”发送了消息“调工资”。

注意:面向过程和面向对象并不是相互对立的,而是相互补充的。例如,在面向对象编程中,对象的方法需要使用面向过程的思想来编写。

2.9 网络化思维

从 20 世纪 70 年代开始,网络技术的不断发展不仅对人们的生活产生了巨大影响,而且也极大地影响了人们的思维方式。

1. 计算机网络的内涵

计算机网络的内涵可以从以下几点来解析。

(1) 计算机网络是多个计算机系统的互联,网络中的各个计算机系统是相互独立的。

(2) 计算机网络协议起着举足轻重的作用。

计算机网络协议体现了分层求解问题的思想,即将复杂问题层层分解,每层仅实现一种相对独立的、明确的功能,这是化解复杂问题的一种普适思维,也是计算机系统的基本思维模式。

OSI 参考模型将复杂的网络通信任务分解成 7 层,每一层都利用下一层的接口完成本层的数据处理,并为上一层提供服务接口。越靠近底层的协议就越接近物理实现细节,越靠近顶层的协议就越接近人们的认识和理解。每一层都在下一层的基础上屏蔽实现细节,提供更高级、更本质的服务。

TCP/IP 是一组专门实现网络互联的通信协议。它将网络互联系统分成 4 层:应用层、传输层、网际互联层和网络接口层,在这一框架下进一步详细规定了每一层的功能,以实现开放系统环境中的互联性、互操作性和可移植性。

(3) 网络拓扑结构最常用的抽象方法是图。网络使用基于图论的相关理论的算法解决通信中的问题。

计算思维的本质是对问题的抽象。如果网络中任意两点之间都可以双向通信,则可以将网络抽象成无向图;如果通信是单向的,则可以将网络抽象成有向图;如果除了结点之间的连通之外还要考虑更多的信息,例如结点之间通信的代价,则可以将其抽象成赋权有向图,然后使用基于图论的相关理论的算法解决通信中的问题,例如最佳路由的计算等。

(4) 缓存、保护、系统恢复作为计算思维方式，普遍应用于网络信息传输与网络安全的各个结点中。

计算思维中的一种重要思想是：当系统在复杂和恶劣的环境中工作时，允许系统发生错误，但是事先要考虑会发生什么错误，要有能力发现错误，从错误状态中恢复，并持续提供服务。网络通信系统的设计在不同层次上均体现了这种思想。

网络中的结点在等待传送信息的过程中可以存储大量信息，这一现象称为缓存或队列。缓存的大小取决于计算机上的可用空间。如果缓存溢出，这个结点要么无法接收任何信息，要么会丢失其他结点传送过来的信息。

计算机中的缓存通常能一边等待接收方准备好接收下一条信息，一边存储大量信息。溢出的缓存可能会暴露计算机的弱点。例如，拒绝服务攻击会同时发送大量信息给一台计算机，一旦这台计算机的缓存被填满，那么它将丢失接下来接收的信息，这是黑客常用的攻击手段之一。可以采用设置防火墙、设计算法并编写防御性保护代码等硬件和软件手段来保护缓存免受溢出攻击。

流媒体的流式传输技术很好地体现了预存与缓存计算思维。流媒体文件被分成多个包在网络中传送。由于网络是动态变化的，所以各个包的路由选择有可能不同，到达客户端的时间延迟也不相同，甚至可能出现先发的数据包后到的现象，所以需要利用预存方式解决延迟问题，以保证包的顺序正确。在播放时，预取下一段数据作为缓存，这样就保证了播放的正确和流畅。

(5) 域名服务器使用了高速缓存的思想。设置高速缓存的目的是解决系统中不同部件之间速度差异的问题，使得系统以尽可能高的效率运行。

域名解析的过程体现了递归算法和迭代算法的思想。

域名系统(Domain Name System，DNS)中的域名采用了层次结构，域名层次结构中的每一个结点是一个域名，可以代表互联网中的一台主机或者一个域。域名查询方法有两种：递归查询和迭代查询。

为了减少互联网的通信量，所有域名服务器都使用了高速缓存。域名服务器在处理非本地数据库中的域名数据的查询请求过程中，都会将此域名数据缓存在本地；当以后再收到相同的查询请求时，可以直接返回对应的域名或 IP 数据。

2. 网络思维的主要特点

1) 一切皆网络

网络思维强调网络构成的核心是对象之间的互动关系。这里的互动关系既包括机器间的互联(“机-人-机”关系)，涉及因特网、物联网、云计算网络等；也包括基于机器的人际互动(“人-机-人”关系)，涉及以虚拟社区为基础的交往模式、传播模式、搜索模式、组织管理模式、科技创新模式等，如社交网络、自媒体、人肉搜索、专业发展共同体等。所以，广义的网络包括机器网络、信息网络和社会网络。在网络时代，人类思维方式中的创造性和创新性、群体化和互动性日益凸显，改变了人们的实践方式和认知过程。

2）创造性和创新性

网络呈现出开放性的特征，使人们的想象力更加丰富，思维更活跃，促进了创造性思维和创新性思维的发展。

3）群体化和互动性

网络技术催生了各种各样的互动交流形式和平台，如电子邮件、博客日志、论坛、网站、即时通信、短信、微信等，呈现出群体化和互动性特点。

4）大数据思维无处不在

在大数据时代，计算模式也发生了转变，从以流程为核心转变为以数据为核心。人们开始用以数据为核心的思维方式思考和解决问题。例如，Hadoop 体系的分布式计算框架就是以数据为核心的范式。大数据思维是新的思维观，可以说开启了一次重大的时代转型。

符号化、计算化、自动化思维，以组合、抽象和递归为特征的程序及其构造思维是计算技术与计算系统的重要思维。

本章从多方面阐述了计算思维的常见应用。读者在今后的 IT 工作和学习中应注重领悟更多的计算思维的渗透，提高计算思维能力。计算思维能力训练不仅有利于理解计算机的实现机制和约束，建立计算意识，形成计算能力，而且有利于提高信息素养，也就是处理计算机问题时应有的思维方法、表达形式和行为习惯，从而更有效地利用计算机。

第3章 工程项目管理

管理就是把复杂的问题简单化，把混乱的事情条理化。

——杰克 · 韦尔奇 (Jack Welch)

3.1 项目管理

3.1.1 项目管理的定义

项目管理是项目执行的核心部分，是项目的灵魂。

项目管理有两种不同的含义：一是指管理活动，即有意识地按照项目的特点和规律对项目进行组织管理的活动；二是指管理学科，即以项目管理活动为研究对象，探求项目组织管理的理论和方法的一门学科。

美国项目管理协会(Project Management Institute，PMI)给出的定义为：项目管理是将知识、技能、工具与技术应用于项目活动，以满足项目的要求。

中国项目管理研究委员会(Project Management Research Committee，China，PMRC)给出的定义为：项目管理是以项目为对象的系统管理方法。通过一个临时性的、专业的柔性组织，对项目进行高效率的计划、组织、指导和控制，以实现项目全过程的动态管理和项目目标的综合协调与优化。

3.1.2 项目管理知识体系

目前全世界主要有三大项目管理知识体系：欧洲的国际项目管理协会(International Project Management Association，IPMA)的IPMA体系、美国项目管理协会的项目管理知识体系(Project Management Body Of Knowledge，PMBOK)和中国中项技工程技术研究院等单位提出的四维项目管理体系(4D Project Management，4DPM)。其中，只有美国项目管理协会和中国中项技工程技术研究院拥有纯粹原创的知识体系。IPMA拥有一个应用标准——《国际项目管理专业资质标准》(*IPMA Competence Baseline*,ICB),它对项目管理者的素质要求大约有40个方面。

1. 美国项目管理协会的项目管理知识体系

20世纪80年代,美国项目管理协会提出了项目管理知识体系(PMBOK)。1997年,国际标准化组织以该文件为框架,制定了ISO 10006《质量管理 项目管理质量指南》。其后,PMBOK又经过数次修订。PMBOK 2012把项目管理划分为10个知识领域,共47个项目管理过程,如表3.1所示。

表3.1 美国项目管理协会的项目管理知识体系

知识领域	项目管理过程	简要描述
项目范围管理	规划范围管理	创建范围管理计划,书面描述如何定义、确认和控制项目范围
	收集需求	为实现项目目标而确定、记录并管理干系人的需要和需求
	定义范围	对项目和产品进行详细描述
	创建工作分解结构	通过创建工作分解结构过程,将项目可交付成果和项目工作分解为较小的、更易于管理的组件
	确认范围	正式验收已完成的项目和可交付的成果
	控制范围	监督项目和产品的范围状态,管理范围基准变更
项目时间管理	规划进度管理	为规划、编制、管理、执行和控制项目进度制定政策,编写程序和文档
	定义活动	识别和记录为完成项目可交付成果而必须进行的具体行动
	控制活动顺序	识别和记录项目活动之间的依赖关系
	估算活动资源	估算执行各项活动所需的材料、人员、设备或用品的种类和数量
	估算活动持续时间	根据资源估算的结果,估算完成单项活动所需的工作时段数
	制订进度计划	分析活动顺序、持续时间、资源要求和进度制约因素,创建项目进度模型
	控制进度	监督项目活动状态,更新项目进展,管理进度基准变更,以实现进度计划

续表

知识领域	项目管理过程	简 要 描 述
项目成本管理	规划成本管理	为规划、管理、花费和控制项目成本制定政策，编写程序和文档
	估算成本	对完成项目活动所需资金进行近似的估算
	编制预算	汇总所有单个活动或工作包的估算成本，建立一个经批准的成本基准
	控制成本	监督项目状态，以更新项目成本，管理成本基准变更
项目质量管理	规划质量管理	识别项目及其可交付成果的质量要求或标准，并书面描述项目将如何符合这些质量要求
	实施质量保证	审计质量要求和质量控制测量结果，确保采用合理的质量标准和操作性定义
	控制质量	监督并记录质量活动执行结果，以便评估绩效，并推荐必要的变更方法
项目人力资源管理	规划人力资源管理	识别和记录项目角色、职责、所需技能、报告关系，并编制人员配备管理计划
	组建项目团队	确认人力资源的可用情况，并为开展项目活动组建团队
	建设项目团队	提高工作能力，促进团队成员互动，改善团队整体氛围，以提高项目绩效
	管理项目团队	跟踪团队成员工作表现，提供反馈，解决问题并管理团队变更，以优化项目绩效
项目沟通管理	规划沟通管理	根据项目干系人的信息、需要和要求及组织的可用资源情况，制订合适的项目沟通方式和计划
	管理沟通	根据沟通管理计划，生成、收集、分发、存储、检索及最终处置项目信息
	控制沟通	在整个项目生命周期中对沟通进行监督和控制，确保满足项目干系人对信息的需求
项目风险管理	规划风险管理	定义如何实施项目风险管理活动
	识别风险	判断哪些风险可能会对项目产生影响，并记录这些风险的特性
	实施定性风险分析	评估并综合分析风险的发生概率和影响，对风险进行优先排序，从而为后续分析或行动提供基础

续表

知识领域	项目管理过程	简 要 描 述
项目风险管理	实施定量风险分析	就已经识别的风险，对项目整体目标的影响进行定量分析
	规划风险应对	针对项目目标，制订提高机会、降低威胁的方案和措施
	控制风险	在整个项目中实施风险应对计划，跟踪与识别风险，监督残余风险，识别新的风险，对风险过程的有效性进行评估
项目采购管理	规划采购管理	记录项目采购决策，明确采购方法，识别潜在卖方
	实施采购	获取卖方应答，选择卖方并与其洽谈和签订书面合同
	控制采购	管理采购关系，监督合同执行情况，并根据需要实施变更和采取纠正措施
	结束采购	完成单次项目采购
项目干系人管理	识别项目干系人	识别能影响项目决策、活动或结果的个人、群体或组织以及被项目决策、活动或结果所影响的个人、群体或组织，并分析和记录他们的相关信息，包括利益参与度、相互依赖、影响力及对项目成功的潜在影响等
	规划项目干系人管理	基于对项目干系人需要、利益及对项目成功的潜在影响的分析，制定合适的管理策略，以有效调动项目干系人参与整个项目生命周期
	管理项目干系人参与	在整个项目生命周期中，与项目干系人进行沟通和协作，以满足其需要与期望，解决实际出现的问题，并促进项目干系人合理参与项目活动
	控制项目干系人参与	全面调动项目干系人之间的关系，调整策略和计划，以调动项目干系人参与项目的积极性
项目整合管理	制定项目章程	编写正式批准项目并授权项目经理在项目活动中使用组织资源的文件
	制定项目管理计划	定义、准备和协调所有子计划，并将它们整合为综合项目管理计划
	指导与管理项目工作	为实现项目目标而指导和执行项目管理计划中所确定的工作，并实施已经批准的变更工作
	监控项目工作	跟踪、审查和报告项目进展，以实现项目管理计划中确定的绩效目标

续表

知识领域	项目管理过程	简要描述
项目整合管理	实施整体变更控制	审查所有的变更请求，批准变更，管理可交付成果、组织过程资产（组织过程资产包括项目组织在项目管理过程中制定的各种规章制度、指导方针、规范标准、操作程序、工作流程、行为准则和工具方法等）、项目文件和项目管理计划的变更，并对变更处理结果进行沟通
	结束项目或阶段	完结所有项目管理过程组的所有活动，以正式结束项目或项目阶段

2. 中国中项技工程技术研究院等单位提出的 4DPM

中国中项技工程技术研究院等单位在 2012 年提出了四维项目管理知识体系（4DPM），与美国项目管理协会二维的 PMBOK 相比，4DPM 的覆盖内容更全面。4DPM 主要包括项目总体管理、项目过程管理、项目内容管理、项目高度管理、项目形态管理、项目重点管理、项目管理能力 7 方面的内容。

1）项目总体管理

项目总体管理是项目管理的总指挥、总引导，是对项目整体和全面的管理。

项目总体管理由 4 个轴组成：

- A 轴：过程部分。
- B 轴：内容部分。
- C 轴：高度部分。
- D 轴：形态部分。

项目总体管理的内容包括 9 部分：空间管理、定位管理、结构管理、路线与系统管理、节点与区域管理、关联与关系管理、资源管理、状态与形态管理和数字化管理。

2）项目过程管理

项目过程管理是关于项目的发展过程的管理活动，是项目总体管理的第一个组成部分。其管理内容按 9 个阶段划分：发起阶段管理、筹备阶段管理、开始阶段管理、实施阶段管理、监控阶段管理、睡眠阶段管理、完善阶段管理、结束阶段管理和衍生阶段管理。

3）项目内容管理

项目内容管理是关于项目的活动内容的管理，是项目总体管理的第二个组成部分。其管理内容分为 9 部分：产品管理、装备管理、技术管理、发展管理、经济管理、安全管理、保障管理、组织管理和信息管理。

4）项目高度管理

项目高度管理是关于项目活动高度的管理活动，是项目总体管理的第三个组成部分。其管理内容按9个等级划分：整体决策等级管理、系统决策等级管理、全面指挥等级管理、系统指挥等级管理、综合执行等级管理、专业执行等级管理、专业操作等级管理、复合操作等级管理和独立操作等级管理。

5）项目形态管理

项目形态管理是针对项目空间结构（主要是组成单元）的管理活动，是项目总体管理的第4个组成部分。其管理内容按9个时段划分：孕育时段管理、形成时段管理、成长时段管理、旺盛时段管理、成熟时段管理、稳定时段管理、萎缩时段管理、终止时段管理和固化时段管理。

6）项目重点管理

项目重点管理是项目管理活动的核心和关键部分。其管理内容主要包括9部分：性质准则、体系管理、量值管理、结构管理、制度管理、总体重点、系统重点、区域重点和单元重点。

7）项目管理能力

项目管理能力是项目管理过程中需要使用的各项可用技术和基本载体的自身条件。项目管理能力分为9类：理论能力、应用能力、协同能力、系统能力、计划能力、监控能力、评价能力、教导能力和研发能力。

3.1.3 IT项目管理的定义

中国项目管理研究委员会给出的IT项目管理的定义为：IT项目管理指在一定期限内，根据一定的IT项目需求，依托一定的资源，为达成一定的IT信息化目标而进行的一系列活动。

美国项目管理协会给出的IT项目管理的定义为：IT项目管理是把各种知识、技能、手段和技术应用于IT项目活动之中，以达到IT项目的要求。

IT项目管理通过应用和综合启动、规划、实施、监控和收尾等IT项目管理过程来进行，覆盖了IT项目的整个过程。

3.2 IT项目范围管理

【一筹莫展的李工】

李工任职于一家为电子政务市场提供应用系统开发的软件公司。该公司承接了开发向公众开放的政务信息发布与查询系统的项目，李工被任命为该项目的项目经理。让李工没想到的是，这个项目让他烦恼不断，一筹莫展（图 3.1）。

图 3.1　一筹莫展的李工

该系统涉及内网和外网两个互不相通的子网。要求在这两个子网中的合法用户都可以访问被授权的信息，合法用户访问的信息必须是一致的、可靠的。内网的信息可以发布到外网，外网的信息经过审批后可以进入系统。基于该项目的以上保密性要求，李工选择熟悉网络互通互联的技术人员设计解决方案，在方案评审后进入项目实施阶段。在系统进入试运行阶段前，项目发包方认为，虽然系统满足了保密性的要求，但系统操作界面复杂，要求增加操作向导来简化操作，且必须在交付前增加操作向导的功能。对于这个新增需求，李工立即安排程序员小白来完成。小白向项目发包方口头了解了操作向导的需求后，直接进行开发。但在操作向导功能交付后，项目发包方根据用户反馈的结果认为操作向导仍然没有满足需求，只好又多次重写了大部分代码才通过验收。由于系统的反复变更，项目组成员产生了挫折感和消极的情绪，成本和工期都超出了原计划 50%以上。

请分析，李工的问题出在哪里？应该如何改进？

解：项目经理李工在这个项目中的主要问题表现在以下两方面。

(1) 没有清晰地了解项目的范围，导致项目后期需求的多次变更。

李工对项目范围有一定的把握。例如，他对保密性需求进行了清晰的定义，在设计和实现方面都进行了严格的控制，因此在系统交付时完全满足了用户对保密性的要求。

但是，对于类似系统运行环境这样的隐性需求，往往容易被开发方忽视的。在本案例中，对于用户界面的风格和操作的便捷性这一隐性需求，李工没有充分考虑，导致反复的需求变更。

对于电子政务这样的面向公众开放的系统，项目范围定义确实有一定的困难。这些系统的用户需求往往是间接通过发包方传递到项目组的，项目组得到的用户反馈信息往往是混合了用户需求和传递者个人意愿的综合结果，这就给项目范围定义造成了困难。

(2) 没有进行变更控制，以至于变更的结果不理想，导致反复的变更。

在本案例中，当项目发包方要求增加操作向导的功能时，李工直接委派程序员小白去口头了解需求并进行开发。在这个过程中，没有进行变更控制的工作，没有对项目范围变更请求进行评估与控制。这种做法是错误的，最终造成了项目成本和工期超出计划。

因此，项目管理中的项目范围管理的失误对项目影响很大，模糊的项目范围定义和不严格的变更控制都将严重影响项目的结果。

项目范围管理包括确保项目做且只做必要的全部工作以成功完成项目的各个过程。项目范围管理是对项目的界限进行定义，是对项目包括什么与不包括什么的定义与控制过程，也就是保证项目干系人在项目要产生什么样的可交付成果方面达成共识，也要在如何产生这些可交付成果方面达成共识。

项目范围管理主要包括规划项目范围、收集需求、定义范围、创建工作分解结构、确认范围、控制范围6个过程。

(1) 规划项目范围。其任务是确定项目范围，明确项目的主要可交付成果，制订项目范围管理计划，记载如何确定、核实与控制项目范围，以及如何制定与定义工作分解结构。

(2) 收集需求。项目需求包括发起人、用户和其他干系人的可以量化且书面记录的项目需要和期望。经验表明，用户不能确切地知道自己需要什么，但他们能够确切知道什么是符合自己需要的。这种状况很容易导致因项目需求获取不到位和项目范围定义不准确而造成"无底洞"的现象。

(3) 定义范围。其任务是将项目主要的可交付成果细分为较小的、便于管理的部分，最终完成项目范围说明书。

详细的项目范围说明书包括项目目标和项目范围指标、项目产品范围说明、项目可交付成果的规定、项目条件和项目假定条件、项目配置关系及其管理要求、项目批准计划和变更请求的规定。

(4) 创建工作分解结构。工作分解结构是为了便于管理和控制而将项目工作任务分解的技术，是以可交付成果为分解对象、以结果为导向的分析方法。

创建工作分解结构有多种方法，主要包括模板法、分解法、自上而下法和自下而上法。

① 模板法。美国项目管理协会发布的《工作分解结构实施标准》是制作、深化和应用工作分解结构的指南。该标准中有针对多个行业的工作分解结构示例。另外，许多IT公司或组织也有自己的标准样板。图3.2是软件开发项目的工作分解结构模板示例。

② 分解法。该方法把项目可交付成果分成较小的、便于管理的工作包。

③ 自上而下法。该方法从项目的最大单位开始，逐步将项目工作分解为下一级的多个子项目。

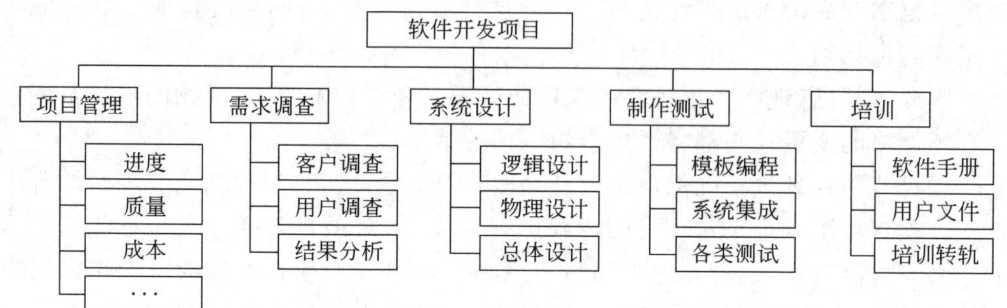

图 3.2 某软件开发项目的工作分解结构模板示例

④ 自下而上法。该方法要求项目团队成员从项目一开始就尽可能确定项目的各项具体任务,然后再将各项任务整合、归并到上一级任务中。

(5) 确认范围。其任务是根据已经定义的项目范围说明书和项目交付的成果来核实项目成果能否让项目干系人满意,在项目实施之前和之后都应该做好项目范围确认。

(6) 控制范围。项目实施过程中,变更不可避免,而且表现形式多种多样,如客户临时改变需求、项目经费发生变化等。控制项目范围是指当项目范围变化时对其采取纠正措施,以及为使项目朝着目标方向发展而对项目范围进行调整。

3.3 IT 项目时间管理

【被撤职的小张】

小张是某公司的项目经理。项目正式实施后,小张发现其他职能部门的经理虽然为该项目安排了人员和时间,但团队成员都将大部分的时间和精力用于其他项目。同时小张还被告知不要干涉部门经理对资源的调度和费用的预算,这种情况让小张非常难受。

半年后,小张借向公司管理层汇报项目进度的机会向上级汇报了由于职能经理不合作而造成的项目严重拖期情况。汇报后,公司管理层为小张指定了一个项目经理助理。该助理认为应该通过计算机程序把各种问题程序化,于是公司又投入 15 人开发这个程序,在花费了将近 5 万元资金之后,小张发现这个程序并不能实现其目标。他向软件供应商进行了咨询,得知完成该程序还要花费至少 3 倍的资金和至少 3 个月的时间。无奈之下,小张只好放弃了该程序。

这个时候项目已经滞后了9个月,客户开始不耐烦了。小张不得不花大量时间和精力向客户解释存在的问题和补救计划。在此期间小张和客户间发生了冲突,最后公司管理层撤销了小张项目经理的职务(图3.3)。

图3.3 被撤职的小张

试分析小张失败的原因主要有哪些。

解:小张失败主要有以下原因。

(1) 缺少项目时间管理的经验。

小张没有进行有效的项目时间管理。另外,在项目实施过程中,小张和其他部门、和客户之间的交流有问题。当问题即将出现或者已经出现的时候,小张也没有进行有效的沟通,甚至与客户产生了冲突。

小张作为项目经理,重要的职责就是使团队的组建和磨合阶段的耗时尽量最短,应当采取各种手段和方法强化项目团队成员的时间观念,增强每个人的责任感和紧迫感。从案例中可以看到,半年时间过去了,小张带领的团队中的成员还没有把精力全部投入到本项目中来。对于项目经理得不到团队成员配合的情况,小张在经过长达半年的时间之后才向上级领导请示。

(2) 盲目变更项目计划,没有考虑项目时间管理。

在本案例中,小张在项目出现变化时,没有做好变更的控制和预案,而是盲目地采取措施,盲目地开发软件,造成时间和成本浪费。例如,在项目出现困境的时候,小张将大量时间和精力放在向客户解释上,而不是放在解决问题上;小张在没有充分论证的情况下,就听从助理的建议,开发计算机程序来加快进度。

项目时间管理在IT项目管理中处于非常关键的位置。项目能否按时交付是项目经理最关注的问题。

工期、费用和质量是项目管理的三大目标，项目时间管理就是采用科学的方法，确定进度目标，编制进度计划和资源供应计划，进行进度控制，以实现工期这一目标。

项目时间管理包括为管理项目按时完成所需的各个过程，主要包括 7 个过程：规划进度管理、定义活动、控制活动顺序、估算活动资源、估算活动持续时间、制订进度计划和控制项目进度。

3.3.1 规划进度管理和定义活动

1. 规划进度管理

规划进度管理是为规划、编制、管理、执行和控制进度而制定政策、编写程序和文档的过程。主要采用专家判断法、分析法和召开会议等方法。

规划进度管理阶段的任务是：完成进度管理计划，为编制、监督和控制项目进度建立准则和明确活动。

2. 定义活动

定义活动是为了保障项目目标实现而开展的对已确认的项目工作包的进一步分解和界定，并从中识别出为生成项目产出物而必需的各种项目活动。此阶段主要的输出文档为项目活动清单，在该清单中列出项目需要开展和完成的全部项目活动。

3.3.2 控制活动顺序

控制活动顺序是指通过识别项目活动清单各项活动的相互关联和依赖关系来安排并确定项目各项活动的先后顺序。

控制活动顺序常用的方法和工具有前导图法和箭线图法。

1. 前导图法

前导图法（Precedence Diagramming Method，PDM），也称为顺序图法或紧前关系绘图法。它使用方框或者长方形代表活动（节点）。节点之间用箭头连接，以显示节点之间的逻辑关系，箭尾节点表示的活动是箭头节点的紧前活动，箭头节点表示的活动是箭尾节点的紧后活动。前导图也称活动节点（Active On Node，AON）图，为大多数项目管理软件所采用。

1）前导图中活动之间的依赖关系

前导图中活动之间存在 4 种依赖关系，如图 3.4 所示。

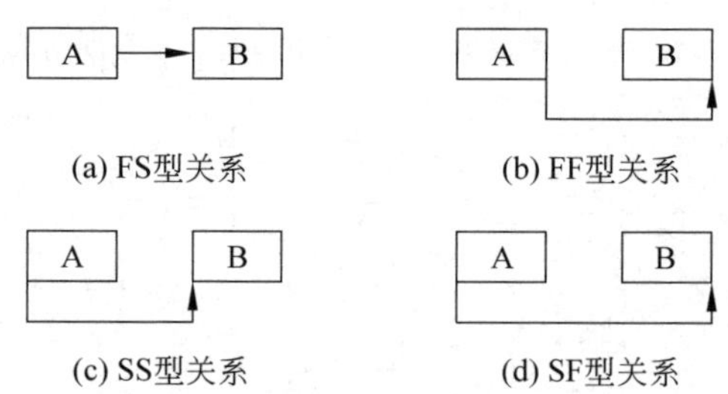

图 3.4 前导图中活动之间的 4 种依赖关系

(1) 结束-开始的关系(FS 型关系)。紧前活动结束后,紧后活动才能开始。例如,只有单元测试结束,集成测试才能开始。

(2) 结束-结束的关系(FF 型关系)。紧前活动结束后,紧后活动才能结束。例如,只有完成文件的编写,才能完成文件的编辑。

(3) 开始-开始的关系(SS 型关系)。紧前活动开始后,紧后活动才能开始。例如,开学后,才能开始上课。

(4) 开始-结束的关系(SF 型关系)。紧前活动开始后,紧后活动才能结束。例如,只有第二位保安人员开始值班,第一位保安人员才能结束值班。

2) 绘制前导图的规则

绘制前导图时,需要遵守下列规则:

(1) 前导图必须正确表达项目中活动之间的逻辑关系。

(2) 在前导图中不能出现循环。

(3) 在前导图中不能出现双向箭头或无箭头的连线。

(4) 在前导图中不能出现无箭尾节点的箭线或无箭头节点的箭线。

(5) 在前导图中只能有一个起始节点和一个终止节点。

【绘制项目 A 的前导图】

项目 A 的活动清单如表 3.2 所示,绘制项目 A 的前导图。

表 3.2 项目 A 的活动清单

序号	活动名称	紧前活动	序号	活动名称	紧前活动
1	A	/	5	E	B
2	B	/	6	F	B、E
3	C	A	7	G	D、C、F
4	D	A	8	H	D

解：根据活动清单，绘制项目 A 的前导图，如图 3.5 所示。

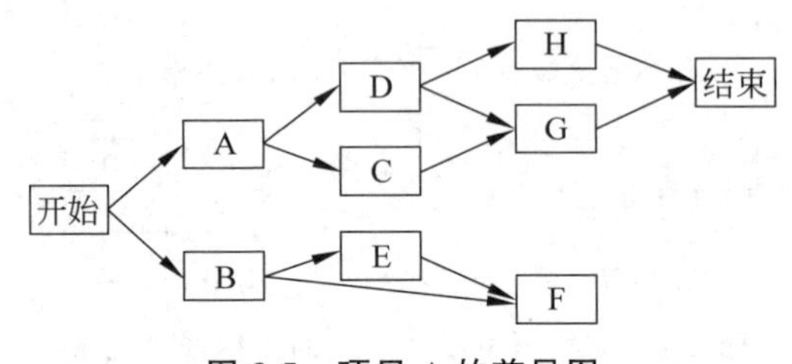

图 3.5 项目 A 的前导图

3）前导图中的活动及其时间点

在前导图中，每一项活动都注明了预计工期（活动的持续时间）和时间点，如图 3.6 所示。通常，每个节点的活动都有如下几个时间。

<table>
<tr><td>最早开始时间(ES)</td><td>工期</td><td>最早结束时间(EF)</td></tr>
<tr><td colspan="3">活动名称</td></tr>
<tr><td>最迟开始时间(LS)</td><td>总浮动时间</td><td>最迟结束时间(LF)</td></tr>
</table>

图 3.6 前导图中的一个活动

（1）最早开始时间（Earliest Start，ES）：某项活动能够开始的最早时间。

（2）最早结束时间（Earliest Finish，EF）：某项活动能够完成的最早时间，EF＝ES＋工期。

（3）最迟结束时间（Latest Finish，LF）：为使项目按时完成，某项活动必须完成的最迟时间。

（4）最迟开始时间（Latest Start，LS）：为使项目按时完成，某项活动必须开始的最迟时间，LF＝LS ＋工期。

【绘制项目 B 的前导图】

项目 B 的活动清单如表 3.3 所示，绘制项目 B 的前导图。

表 3.3 项目 B 的活动清单

序　　号	活动名称(代号)	紧 前 活 动
1	问题定义(A)	/
2	研究现有系统(B)	A

续表

序　　号	活动名称(代号)	紧前活动
3	确定用户需求(C)	A
4	系统总体设计(D)	C
5	系统详细设计(E)	B
6	编码(F)	D、E
7	测试(G)	F
8	旧系统转换为新系统(H)	G

解：根据活动清单，绘制项目 B 的前导图，如图 3.7 所示。

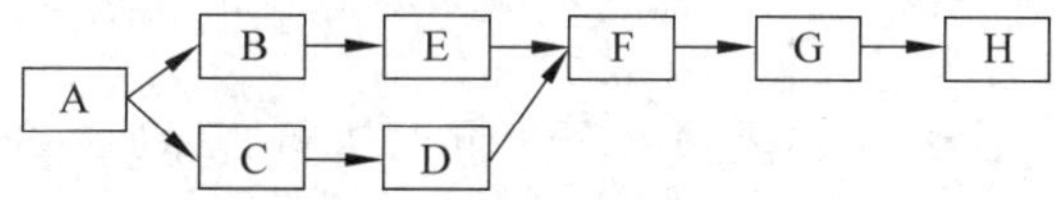

图 3.7　项目 B 的前导图

2. 箭线图法

箭线图法(Arrow Diagram Method，ADM)也是常用的控制活动顺序方法。在箭线图中，每一项活动都用一条箭线和两个节点来表示，每个节点有一个编号，箭线的箭尾节点和箭头节点是该项活动的起点和终点。在箭线图中，用箭线表示项目中独立存在、需要一定时间或资源完成的活动，用节点表示活动排序。

1) 实活动和虚活动

在箭线图中，依据是否需消耗时间或资源，可将活动分为实活动和虚活动。

实活动是需要消耗时间和资源的活动，用实箭线表示，如图 3.8 所示。在箭线上方标出活动名称。如果明确了活动时间，则在箭线下方标出活动的持续时间。箭尾表示活动的开始，箭头表示活动的结束。节点的编号表示活动的顺序。

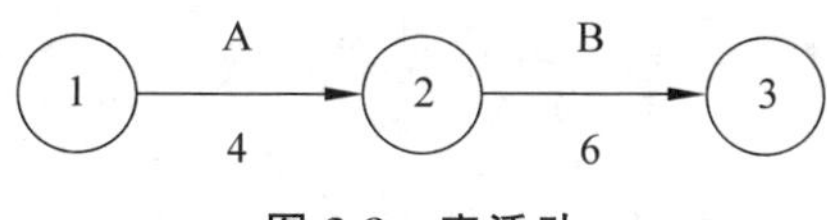

图 3.8　实活动

虚活动是既不消耗时间，也不消耗资源的活动，只表示相邻活动之间的逻辑关系，在箭线图中用虚箭线表示，如图 3.9 所示。当出现下列情况时，需要定义虚活动：

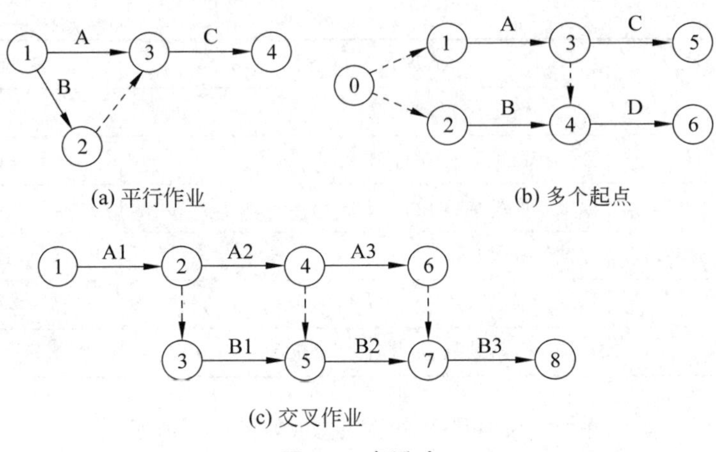

(a) 平行作业

(b) 多个起点

(c) 交叉作业

图 3.9 虚活动

(1) 平行作业。活动 A 和活动 B 可以同时进行,活动 A 和活动 B 都完成后才能够进行活动 C。为说明活动 A 和活动 B 间的关系,在节点 2 和 3 之间定义了虚活动。

(2) 多个起点或终点。在复杂的箭线图中,为避免多个起点或终点引起混淆,也可以用虚活动与所有能立即开始的节点连接。

(3) 交叉作业。活动 A1 完成后,才能开始活动 B1;活动 A2 完成后,才能开始活动 B2;活动 A3 完成后,才能开始活动 B3。因此,需要在节点 2 和节点 3、节点 4 和节点 5、节点 6 和节点 7 之间建立虚活动。

2) 绘制箭线图的规则

绘制箭线图的规则如下:

(1) 每一条箭线表示一项活动。箭线的箭尾节点表示该活动的起点,箭头节点表示该活动的终点。

(2) 节点用圆圈表示,并在圆圈内写上编号。节点编号顺序应从小到大,可以不连续,但严禁重复。

(3) 一项活动应只有唯一的一条箭线和相应的一对节点编号,箭尾节点编号应小于箭头节点编号。

(4) 活动名称应标注在箭线之上,持续时间应标注在箭线之下。

(5) 严禁出现循环。严禁出现没有箭头节点或没有箭尾节点的箭线。

前导图法用节点表示活动,用箭线表示活动关系;箭线图法与前导图法相反,用箭线表示活动,用节点表示活动顺序。前导图法是单代号网络图,只有节点需要编号;箭线图法是双代号网络图,节点有编号,箭线上有活动名称和持续时间两个编号。

【绘制项目 B 箭线图】

将上例中项目 B 的活动清单增加持续时间后如表 3.4 所示，绘制该项目的箭线图。

表 3.4 项目 B 的活动清单

序号	活动名称(代号)	紧前活动	持续时间/d
1	问题定义(A)	/	2
2	研究现有系统(B)	A	3
3	确定用户需求(C)	A	5
4	系统总体设计(D)	C	4
5	系统详细设计(E)	B	8
6	编码(F)	D、E	9
7	测试(G)	F	7
8	旧系统转换为新系统(H)	G	2

解：项目 B 的箭线图如图 3.10 所示。

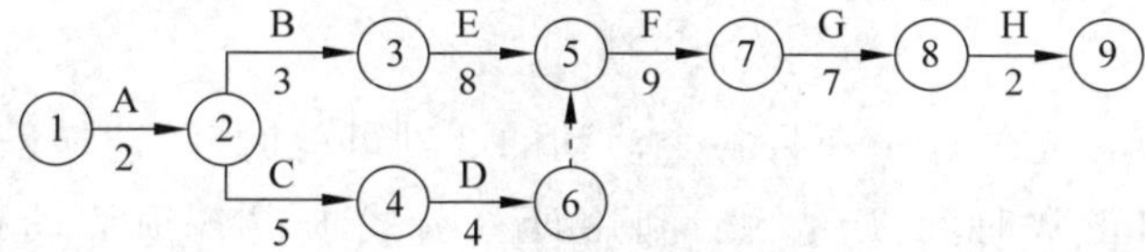

图 3.10 项目 B 的箭线图

3.3.3 估算活动资源和估算活动持续时间

1. 估算活动资源

估算活动资源是指利用一些工具和技术，明确工作包中每个活动所需的资源类型(包括人员、材料、设备和用品)的种类、数量和特性，以及何时使用资源有效地执行活动。然后，把这些需求汇总成每个工作包和每个工作时段的资源估算。

资源需求描述的细节数量与具体程度因应用领域而异，但在每个活动的资源需求文件中，都应说明每种资源的估算依据，以及为确定资源类型、可用性和需要的数量所做的假设。

活动资源估算的方法有专家判断法、多方案分析法、自下而上的估算方法和软件估算法等。

2. 估算活动持续时间

活动持续时间估算的任务是计算各事项、各工作网络的时间和完成整个项目任务需要的总时间。

估算活动持续时间的方法有类比估算法、专家评估法、三点估算法等。

1）类比估算法

类比估算法是以过去类似项目活动的实际时间为基础，通过类比来推测估算当前项目活动需要的时间。当项目相关性的资料和信息有限，而先前活动与当前活动又有本质上的类似性时，用这种方法估算项目活动持续时间是一种较为常用的方法。

2）专家评估法

对于一般的工程类项目，专家评估法和类比估算法评估的结果与实际值差别较小，这是因为一般的工程类项目的活动识别、资源估算（特别是人力资源估算）、技术要求等内容容易确定，而且同类型项目的重复率较高。

3）三点估算法

三点估算法是以一定的假设条件为前提，估算多种活动时间的方法。这是最常用的方法。

其步骤是：首先估计出项目各个活动的3种可能时间，即最乐观时间 T_a、最悲观时间 T_b 和正常时间 T_m，然后利用计算公式求得各项活动持续时间的平均值。

其计算公式为

$$T=(T_a+4T_m+T_b)/6$$

注意，估算活动持续时间时，一定要处理间歇时间（非工作时间），即活动持续时间估算的计算公式为

活动持续时间＝实际工作时间＋间歇时间

例如，某项活动持续时间为6周±3天（每周5个工作日）表示该活动的持续时间最少需要27天，最多需要33天。

IT项目（特别是软件项目）涉及领域、9开发技术和开发环境往往各不相同，同类型项目的重复率较低。而且即使前面的因素变化不大，人员的因素也会使项目的估算存在很大的差异。因此，常常采用两种或多种方法共同进行估算。

3.3.4 制订项目进度计划和控制项目进度

1. IT 项目进度计划的内容

IT 项目进度计划一般包括以下内容。

(1) 项目综合进度计划。根据前面的活动排序计算出各阶段工程的工期,从而计算出整个项目所需的总工期。

(2) 项目实施进度计划。根据估算的各项活动所需的工时数以及计划投入的人力,求出各项活动的实施时间,然后按照项目具体实施顺序的要求,制订整个项目的实施进度计划。

(3) 项目采购进度计划。对于一些需要外包或定制的 IT 项目,还需要编制采购计划,确定各项采购进度的具体日期。

(4) 项目验收进度计划。对项目实施中以及即将结束时进行的验收活动制订计划。一般 IT 项目需要通过实际的使用进行验收。例如,软件项目的验收一般包括系统试运行、系统初验、系统运行、系统终验等阶段。

(5) 项目维护计划。IT 项目的维护工作量大,周期长,因此有必要制订详细的项目维护计划。

2. 常用的项目进度计划编制方法和技术

常用的项目进度计划编制方法和技术有关键路径法和计划评审技术。

1) 关键路径法

关键路径法(Critical Path Method,CPM)通过分析项目过程中哪个活动序列进度安排的总时差最少来预测项目工期,此方法使用网络图表示各项工作之间的相互关系,找出控制工期的关键路径,在一定工期、成本、资源条件下获得最佳的计划安排,以达到缩短工期、提高工效、降低成本的目的,并能为识别潜在的项目延迟风险提供极其重要的依据。

简单地说,关键路径法是通过寻找关键路径及其时间长度来确定项目的完成日期与总工期的方法。

在关键路径法中,一般有以下几个时间参数:

(1) 最早开始时间(ES)。由所有紧前活动的最早结束时间确定,即 ES=max{所有紧前活动的 EF}。

(2) 最早结束时间(EF)。由活动的最早开始时间加上其工期(持续时间)D 来确定,即 EF=ES+D。

(3) 最迟结束时间(LF)。由所有紧后活动的最迟开始时间确定,即 LF=min

{所有紧后活动的 LS}。

(4) 最迟开始时间(LS)。等于活动的最迟结束时间减去活动的工期(持续时间),即 LS＝LF－D。

(5) 总时差(Total Float,TF)。指一项活动在不影响整体计划工期的情况下最大的浮动时间,TF＝LS－ES。

(6) 自由时差(Free Float,FF)。指活动在不影响其紧后工作的最早开始时间的情况下可以浮动的时间,FF＝min{所有紧后活动的 ES}－EF。

关键路径上的活动称为关键活动。项目的关键路径是指能够决定项目最早完成时间的一系列活动,它是网络图中最长的路径。

在项目管理中,编制网络计划的基本思想是在一个庞大的网络图中找出关键路径,并对各关键活动优先安排资源,采取相应措施,尽量压缩需要的时间;而对非关键路径的各个活动,在不影响工程完工时间的条件下,可以抽出适当的人力、物力和财力等资源用在关键活动上,以达到缩短工程工期、合理利用资源的目的。

【计算时间参数】

某项目的箭线图如图 3.11 所示。计算活动 B、G 和 L 的最早开始时间(ES)、最早结束时间(EF)、最迟开始时间(LS)、最迟结束时间(LF)、总时差(TF)和自由时差(FF),并确定关键路径和关键活动。假设活动 A 的最早开始时间为 0,活动 M 的最迟结束时间为 39。

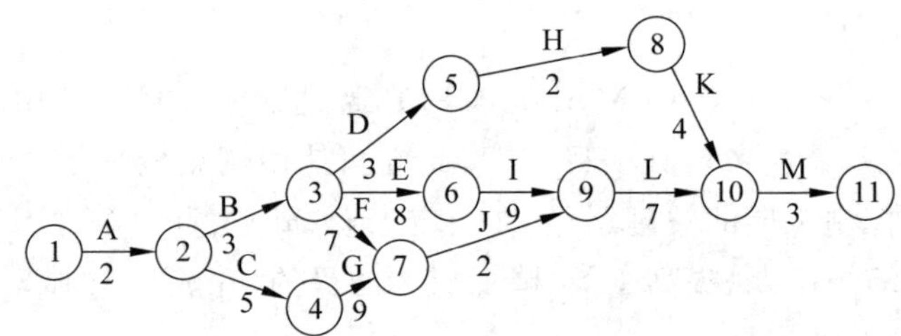

图 3.11 某项目的箭线图

解:

(1) 活动 B、G 和 L 的最早开始时间、最早结束时间的计算过程如下:

- 活动 B:$ES_B=2$,$EF_B=ES_B+3=5$。
- 活动 G:$ES_G=EF_C=7$,$EF_G=ES_G+9=16$。
- 活动 L:$ES_L=\max\{$所有紧前活动的 EF$\}=\max\{EF_I,EF_J\}$,而 $EF_I=13$,$EF_J=ES_J+2=\max\{EF_F,EF_G\}=\max\{12,16\}=16$,所以 $ES_L=\max\{13,$

16}=16，$EF_L=ES_L+7=23$。

(2) 活动B、G和L的最迟开始时间、最迟结束时间的计算过程如下：

先计算最后一项活动的最迟结束时间，再计算最后一项活动的最迟开始时间，然后分别求出其紧前活动的最迟结束时间和最早开始时间，以此类推即可。

- 活动M：$LF_M=39$，$LS_M=39-3=36$。
- 活动L：$LF_L=LS_M=36$，$LS_L=LF_L-7=29$。
- 活动I：$LF_I=LS_L=29$，$LS_I=LF_I-9=20$。
- 活动E：$LF_E=LS_I=20$，$LS_E=LF_E-8=12$。
- 活动J：$LF_J=LS_L=29$，$LS_J=LF_J-2=27$。
- 活动F：$LF_F=LS_J=27$，$LS_F=LF_F-7=20$。
- 活动G：$LF_G=LS_J=27$，$LS_G=LF_G-9=18$。

同理：

- 活动K：$LF_K=LS_M=36$，$LS_K=LF_K-4=32$。
- 活动H：$LF_H=LS_K=32$，$LS_H=LF_H-2=30$。
- 活动D：$LF_D=LS_H=30$，$LS_D=LF_D-3=27$。
- 活动B：$LF_B=\min${所有紧后活动的LS}$=\min\{LS_D,LS_E,LS_F\}=\min\{27,12,20\}=12$，$LS_B=LF_B-3=9$。

(3) 活动B、G和L的总时差、自由时差的计算过程如下：

- 活动B：$TF_B=LS_B-ES_B=9-2=7$。

$FF_B=\min${所有紧后活动的ES}$-EF_B=\min\{ES_D,ES_E,ES_F\}-5$，而$ES_D=\max${所有紧前活动的EF}$=\max\{EF_B\}=5$，$ES_E=\max\{EF_B\}=5$，$ES_F=5$，所以，$FF_B=5-5=0$。

- 活动G：$TF_G=LS_G-ES_G=18-7=11$。

$FF_G=\min${所有紧后活动的ES}$-EF_G=ES_J-9$，而$ES_J=\max${所有紧前活动的EF}$=\max(EF_F,EF_G)=\max\{12,16\}=16$，所以，$FF_G=16-9=7$。

- 活动L：$TF_L=LS_L-ES_L=29-16=13$。

$FF_L=\min${所有紧后活动的ES}$-EF_L=ES_M-23$，而$ES_M=\max${所有紧前活动的EF}$=\max\{EF_K,EF_L\}=\max\{EF_K,23\}=\max\{ES_K+4,23\}=\max\{14,23\}=23$，所以，$FF_L=23-23=0$。

(4) 确定关键路径和关键活动。从箭线图中可以找出4条从开始到完成的路径：A-B-D-H-K-M、A-B-E-I-L-M、A-B-F-J-L-M和A-C-G-J-L-M，这4条路径的长度分别为17、32、24和28，因此，该项目的关键路径为A-C-G-J-L-M，关键活动为A、C、G、J、L和M。

注意：关键活动的总时差和自由时差均为0，但是总时差和自由时差为0的活动不一定是关键活动。

2）计划评审技术

计划评审技术（Program Evaluation and Review Technique，PERT）是当项目的某些活动或者全部活动的时间估算存在很大的不确定性时，综合运用关键路径法和加权平均时间估算法，从而估计项目活动时间的项目进度计划编制技术。这种技术适用于不可预知因素较多的项目、从未做过的新项目和复杂项目。

计划评审技术与关键路径法的箭线图画法基本相同，主要区别在于时间的估算与分析上。关键路径法仅需要一个确定的工作时间；而计划评审技术需要求出的3个工作时间估算值：最乐观时间、最可能时间和最悲观时间，然后计算工作的期望时间。

（1）最乐观时间（a）。最顺利情况下完成活动所需的最少时间。

（2）最可能时间（b）。正常情况下完成活动所需的最少时间。

（3）最悲观时间（c）。最不顺利情况下完成活动所需的最多时间。

计划评审技术经常使用以上3个估算值来界定活动持续时间的区间。活动时间的期望值和标准差的计算公式如下：

$$t=(a+4b+c)/6$$

$$\sigma=(c-a)/6$$

活动时间的期望值 t 表示活动消耗时间的多少，活动时间的标准差 σ 表示活动在期望的时间内完成的概率。标准差越小，表明活动在期望时间内完成的概率越大；标准差越大，则表明活动在期望时间内完成的概率越小。

除了上述两种方法外，还有一些项目管理软件也可以快速地编制和优化项目进度计划，例如 Project Scheduler、SureTrak Project Manager 等。

3. 项目进度计划编制结果描述

项目进度计划编制结果可以用简要的文字形式描述，也可以用带日历的项目箭线图、甘特图、里程碑图、项目进度计划表等图表的形式表达。

1）带日历的项目箭线图

带日历的项目箭线图如图3.12所示。它既可以反映项目中各活动的逻辑关系及关键活动，又能够在每项活动（矩形框）的左上角和右上角标注出计划开始时间和计划结束时间。

2）甘特图

甘特图（Gantt chart）又称条状图，是通过活动列表和时间刻度形象地表示项

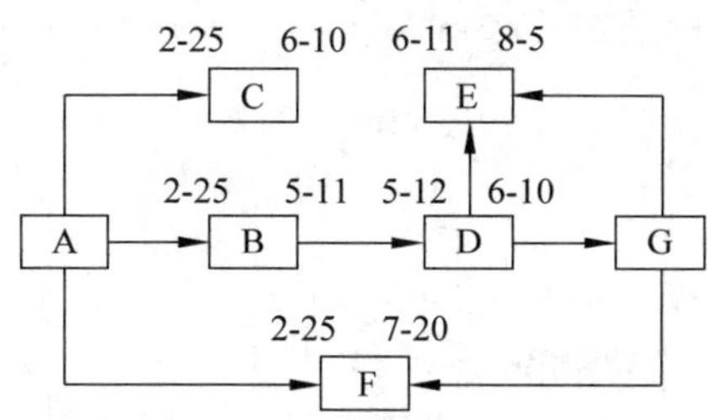

图 3.12 带日历的项目箭线图

目的活动顺序与持续时间的方法。该方法是以提出者亨利·劳伦斯·甘特(Henry Laurence Gantt)的名字命名的。

在甘特图中,横轴表示时间,纵轴表示活动,线条表示时间计划和实际完成情况,直观地表明计划何时进行以及进度与要求的对比,适用于管理和评估工作进度。

【绘制甘特图】

某软件项目的进度计划如表 3.5 所示。在 Excel 中画出其对应的甘特图。

表 3.5 某软件项目的进度计划

活　动	活动开始日期	天　数	活动结束日期
问题定义	2020-03-10	20	2020-03-30
可行性研究	2020-03-31	30	2020-04-30
需求分析	2020-05-01	50	2020-06-20
总体设计	2020-06-21	20	2020-07-11
详细设计	2020-06-30	40	2020-08-09
编码	2020-08-10	50	2020-09-29
测试	2020-08-25	40	2020-10-04
试运行	2020-10-05	30	2020-11-04

解:在 Excel 中制作甘特图的主要步骤如下。

(1) 选择前两列,制作甘特图。

(2) 在甘特图中添加数据源“天数”系列。

(3) 反转甘特图的 Y 轴。

(4) 设置“计划开始日期”系列为无边框和无填充,将其隐藏。

（5）调整 X 轴的坐标的最小值和最大值。最后得到的甘特图如图 3.13 所示。

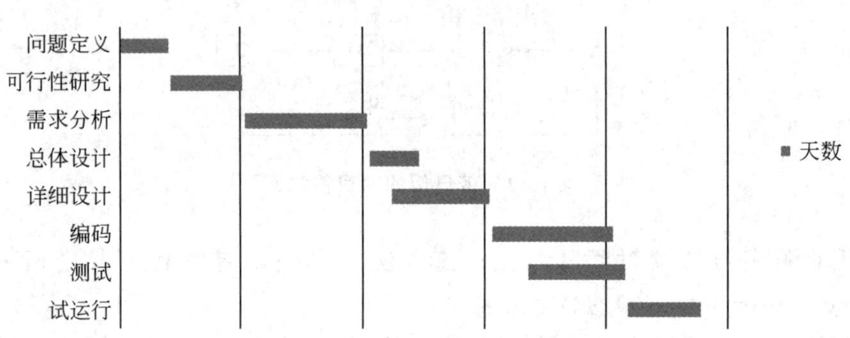

图 3.13　某软件项目进度计划甘特图

3）里程碑图

项目的里程碑图（milestone chart）主要表示里程碑事件、交付成果和完成日期。某项目的里程碑图如表 3.6 所示。

表 3.6　某项目的里程碑图

序号	里程碑事件	交付成果	完成日期
1	完成需求分析	需求分析说明书	2020-06-20
2	完成总体设计	系统总体设计说明书	2020-07-11
3	完成详细设计	系统详细设计说明书	2020-08-09
4	完成编码	软件及相关文档	2020-09-29
5	完成测试	测试报告	2020-10-04

项目经理审核意见：

4. 控制项目进度

项目进度控制的内容主要有两个：一是确定项目的进度是否发生变化，找出变化的原因，采取有效措施纠正偏差；二是对影响项目进度变化的因素进行控制，从而确保这些变化朝着有利于项目目标实现的方向发展。项目进展控制方法主要有项目进度报告、项目进度变更控制系统、项目进度控制软件以及对项目进度进行比较等。

3.4 IT项目成本管理

【北京某品牌牛奶的困境】

2004年10月,北京某品牌牛奶已经在大本营北京市场上退居第三;而在巅峰时期,此品牌曾占据了北京市场的8成。2004年1—9月,该公司的营业利润为负5439万元。分析此品牌牛奶出现困境的关键原因。

解:此品牌牛奶出现困境的关键原因如下。

一是品牌力不如对手。无论是广告投入还是促销力度,其他品牌的企业都不遗余力,但此品牌要差很多,品牌定位比较模糊,导致品牌传播效果减弱。

二是项目成本控制乏力。2004年,各种原材料都出现了不同幅度的涨价。但与竞争对手相比,此品牌的成本控制能力明显较弱,这直接导致了主营业务利润率低于其主要竞争对手8个多百分点。此品牌的成本之所以高于对手,除了地处北京,土地、原材料、环保以及奶源建设投入大,人工成本几乎高于某些竞争对手两倍以上等客观原因外,还有一些主观的失误。例如,此品牌企业曾为了降低奶源成本,到北疆建立了奶源生产基地,但因那里风沙大,缺乏优质牧草,造成牛奶的杂质超标,而使牛奶的卫生、生化指标不达标。后来该公司无奈地放弃了此基地。2003年,该公司又在澳大利亚建立了奶源生产基地,但由于汇率变化及澳大利亚干旱,澳大利亚基地生产的鲜奶的价格没有预计的那么低。2004年年初,该公司又无奈地放弃了这个基地。

由此可见,项目管理的范围很广。其中,积极主动地控制项目成本是项目经理和项目团队的重要责任。

项目成本是指为完成项目目标而付出的费用和耗费的资源。

项目成本管理包括为使项目在批准的预算内完成而对成本进行规划、估算、预算、融资、筹资、管理和控制的各个过程。

项目成本管理是为确保项目在既定预算内按时、按质、经济、高效地实现项目目标所开展的项目管理活动。

IT项目成本是指完成IT项目所发生的全部资源耗费的货币表现,主要包括硬件成本、软件成本、项目集成成本、人力资源成本、场所成本、外包服务成本等。

随着IT应用的迅猛发展，软件成本已经成为IT项目中的主体。软件项目成本分为开发生产成本和运行维护成本两类，主要包括分析设计成本、系统实施成本、专业培训成本、系统运行成本、维护改进成本和行政管理成本等。

项目成本管理除了要关注完成项目活动所需的资源成本外，还要考虑到项目决策对后续多次使用、维护和支持项目可交付成果所需成本的影响。

项目成本管理主要包括4个过程，如图3.14所示。

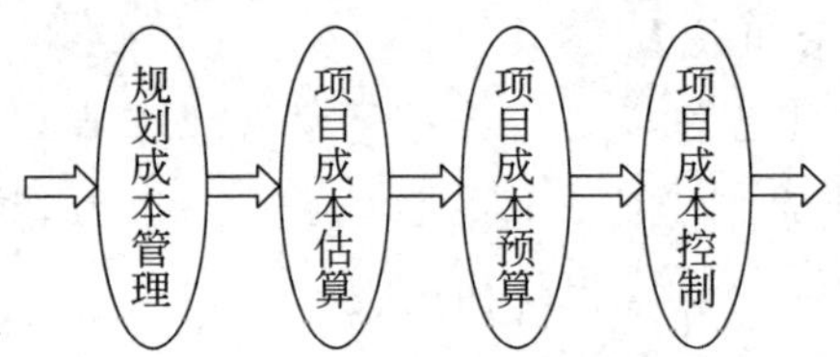

图3.14 项目成本管理的主要过程

3.4.1 规划成本管理和项目成本估算

1. 规划成本管理

规划成本管理是确定如何估算、预算、管理、监督和控制项目成本的过程。

规划成本管理的依据主要包括项目管理计划、项目章程、事业环境因素和组织过程资产。

规划成本管理采用的技术主要包括专家判断法和会议法。

基于历史信息，专家可以对项目环境及以往类似项目的信息提供有价值的见解，还可以对是否需要联合使用多种方法以及如何协调各种方法之间的差异提出建议。

项目团队可以通过召开会议制订进度管理计划，会议成员可以包括项目经理、项目发起人、项目团队成员、项目成本负责人以及其他必要的相关人员。

2. 成本估算的类型

估算项目成本是对完成项目活动所需货币资源进行近似估算的过程。IT项目成本估算的依据主要包括项目资源需求计划、项目范围说明书、工作分解结构、项目进度计划、风险管理计划以及相关历史资料和经验教训。

针对不同阶段成本估算的条件和要求，成本估算可以分为以下3种类型。

1）量级估算

量级估算是在项目早期甚至在项目正式启动之前项目经理和高层管理人员采用的较粗略的估算法。量级估算一般是在项目完成之前3年或更早的时间进行的,其精度一般为-25%～75%。

2）预算估算

许多组织需要编制至少两年的预算。预算估算一般是在项目完成前1～2年做出的,其精度一般为-10%～25%。

3）最终估算

最终估算是比较精确的项目成本估算法,常用于采购决策的制订和最终项目成本的估算。例如,如果一个项目在3个月内需要从外部购供应商购买1000台个人计算机,那么就需要进行最终估算,以便评估外部供应商的投标建议书,并划拨资金给选中的外部供应商,最终估算一般在项目完成前1年或1年以内进行,其精度为-5%～10%。

3. 成本估算方法

常用的成本估算方法有类比估算法、自上而下估算法、自下而上估算法和基于经验模型的估算法。

1）类比估算法

类比估算法也称为基于案例的推理,是比照以往类似项目(源案例)成本来推算目前项目(目标案例)的成本。采用这种方法时,需要提取项目的一些特性作为比较因子,如项目类型、编程语言、项目规模、开发人员数量、软件开发方法等。利用这些比较因子来确定源案例与目标案例之间的匹配程度。

如果要估算的新项目与以往项目只有局部相似时,可以对新项目进行分解,以得到更小的项目单元(任务、工作包)作为类比估算的对象;然后将这些项目单元与以往项目的类似单元进行类比估算;最后,将各项目单元的估算结果汇总。

2）自上而下估算法

自上而下估算法是基于中高层管理人员的经验和判断以及可以获得的关于以往类似项目的历史数据进行项目成本估算的方法。由中高层管理人员估算项目的整体成本和子项目成本,然后将这些估算结果传递给低层管理人员,低层管理人员再对组成项目和子项目的任务成本进行估算,再继续向下一层传递估算结果,直到最底层。这种方法的优点是项目总体成本估算较容易。其缺点是:难以识别较低级别上的技术困难,而这些困难往往会使成本上升;而且由于考虑不细致,有时会遗漏某些细节部分。

例如,假设某个软件项目的总工作量估算值是200人月,而需求分析阶段的工作量在整个软件项目中约占25%的比例,那么就可以估算出需求分析阶段的工作量是50人月。

3）自下而上估算法

自下而上估算法是估算单个任务成本，然后从下往上汇总成整体项目成本。这种方法的优点是：项目成本是由直接参与项目的人员估算出来的，这些人员更清楚项目涉及的活动需要的资源量，因此估算的专业性和准确性都较高。但是，和自上而下估算法相比，这种方法难以保证考虑到所有的项目任务，所以通常花费的时间长，工作代价高。

例如，一个复杂的软件系统被分解为 4 个相对独立的子系统，每个子系统的规模估算值分别为 8000、4000、6500 和 15 000 行代码，那么整个软件项目的规模就是这几个值的和，即 33 500 行代码。

4）基于经验模型的估算法

基于经验模型的估算法是在数学模型中应用项目特征参数（即成本影响因子）来估算项目成本的方法。经验模型一般是通过对大量的项目历史数据进行统计分析（如回归分析）而导出的。这种方法的重点工作是成本影响因子的确定。其优点是：估算速度快，容易使用，只需要一小部分信息就可以得出整个项目的成本。其缺点是：如果模型选择不当或提供的参数不准确，也会产生较大的偏差。

3.4.2 项目成本预算和项目成本控制

1. 项目成本预算

项目成本预算是一项涉及制定项目成本控制标准的项目管理工作，包括根据项目的成本估算为项目各项具体工作分配和确定预算、确定成本定额、确定整个项目总预算以及规定项目不可预见费用的划分与使用规则等管理工作。

项目成本预算的内容主要包括直接人工费用预算、咨询服务费用预算、资源采购费用预算和不可预见费用预算。

项目成本预算提供的成本基准（也称成本基线）是一个按时间分布的、用于测量和监控成本实施情况的项目预算，是项目管理计划的一个组成部分。大项目可能有多个成本基准，以便度量项目成本。

2. 项目成本控制

项目成本控制是按照事先确定的项目成本基准，利用多种方法对项目实施过程中消耗的成本费用的使用情况进行管理控制，以确保项目的实际成本不超出项目成本预算范围的过程。

项目成本控制的主要内容包括：监控实际成本与计划成本的偏差；确认费用偏差都有记录；避免不正确、不合适的或者无效的费用变更的发生；获取项目变更的各种信息，特别是影响成本变更的信息。

项目成本控制的方法主要有成本变更控制系统、成本绩效测量法、附加计划法和计算机辅助法。

1）成本变更控制系统

成本变更控制系统是通过建立项目变动控制体系对项目成本进行控制的方法，包括从请求变更到批准请求变更，一直到最终变更项目成本预算的整个变更控制过程。

2）成本绩效测量法

成本绩效测量法的目的是分析项目成本状况，及早发现项目成本差异。目前最常用的成本绩效测量法是挣值分析法。其基本思想是：测量和计算已完成工作的预算费用和实际费用，将其与计划工作的预算费用相比较，得到项目的费用偏差，从而达到判断项目成本和进度计划执行情况的目的，以帮助项目管理者分析正在进行的项目的完成情况，衡量正在进行的项目的成本效率，为成本控制措施的选取提供依据，同时对项目成本的发展趋势作出科学的预测与决策。

挣值分析法主要涉及3个参数和4个评价指标，如表3.7所示。

表3.7 挣值分析法的3个参数和4个评价指标

序号	参数和评价指标	含义
参数1	计划工作量的预算成本(Budgeted Cost of Work Scheduled,BCWS)	按计划要求完成的工作量所需的预算工时或费用。 计算公式：BCWS＝计划工作量×预算定额
参数2	已完成工作量的实际成本(Actual Cost of Work Performed,ACWP)	项目实施过程中某阶段实际完成的工作量所消耗的工时或费用
参数3	已完成工作量的预算成本(Budgeted Cost of Work Performed,BCWP)	实际完成的工作量按预算定额计算的工时或费用，简称挣值(earned value)。 计算公式：BCWP＝已完成工作量×预算定额
指标1	成本偏差(Cost Variance,CV)	检查期间BCWP与ACWP的差异。 计算公式：CV＝BCWP－ACWP ● 当CV＜0时，表示实际消耗成本超过预算值，表明执行效果不佳。 ● 当CV＝0时，表示实际消耗成本等于预算值。 ● 当CV＞0时，表示实际消耗成本低于预算值，表明效率高

续表

序号	参数和评价指标	含　义
指标 2	进度偏差(Schedule Variance,SV)	检查日期 BCWP 与 BCWS 的差异。 计算公式：SV＝BCWP－BCWS ● 当 SV＜0 时,表示进度延误。 ● 当 SV＝0 时,表示实际进度与计划进度一致。 ● 当 SV＞0 时,表示进度提前
指标 3	成本绩效指数(Cost Performed Index,CPI)	预算成本与实际成本之比,衡量的是正在进行的项目的成本效率。 计算公式：CPI＝BCWP/ACWP ● 当 CPI＜1 时,表示已完成工作的实际成本高于预算成本。 ● 当 CPI＝1 时,表示已完成工作的实际成本等于预算成本。 ● 当 CPI＞1 时,表示已完成工作的实际成本低于预算成本。
指标 4	进度绩效指数(Schedule Performed Index,SPI)	项目挣值与计划值之比,用以衡量正在进行的项目的进度。 计算公式：SPI＝BCWP/BCWS ● 当 SPI＜1 时,表示进度延误。 ● 当 SPI＝1 时,表示实际进度与计划进度一致。 ● 当 SPI＞1 时,表示进度提前

利用挣值分析法可以综合分析项目的执行效率和进度,其参数/指标分析和应对措施如表 3.8 所示。

表 3.8　挣值分析法的参数/指标分析和应对措施

序号	参数/指标的情况	分　析	应对措施
1	ACWP＞BCWS＞BCWP SV＜0 CV＜0	效率低,进度较慢,投入超前	用工作效率高的人员更换工作效率低的人员
2	BCWP＞BCWS＞ACWP SV＞0 CV＞0	效率高,进度较快,投入延后	若偏离不大,维持现状

续表

序号	参数/指标的情况	分　析	应对措施
3	BCWP＞ACWP＞BCWS SV＞0 CV＞0	效率较高，进度快，投入超前	抽出部分人员，放慢进度
4	ACWP＞BCWP＞BCWS SV＞0 CV＜0	效率较低，进度较快，投入超前	抽出部分人员，增加少量骨干人员
5	BCWS＞ACWP＞BCWP SV＜0 CV＜0	效率较低，进度慢，投入延后	增加工作效率高的人员和投入
6	BCWS＞BCWP＞ACWP SV＜0 CV＞0	效率较高，进度较慢，投入延后	迅速增加人员和投入

【利用挣值分析法分析某项目的执行效率和进度】

某项目原来预计 2019 年 5 月 19 日完成 50 000 元的工作，但是到该日期时只完成了其中 45 000 元的工作，而为了完成这些工作实际花费了 49 000 元。那么，在 2019 年 5 月 19 日该项目的成本偏差和进度偏差各是多少？项目的执行效率和进度如何？应采取哪些应对措施？

解：

BCWS＝50 000 元

BCWP＝45 000 元

ACWP＝49 000 元

CV＝BCWP－ACWP＝45 000 元－49 000 元＝－4000 元

SV＝BCWP－BCWS＝45 000 元－50 000 元＝－5000 元

上面的参数值和指标值符合表 3.7 中的第 5 种情况，表明该项目效率较低，进度慢，投入延后，需增加工作效率高的人员和投入。

3）附加计划法

因为各种不可预见的情况，有时需要对项目的费用计划作出新的估计和修改。附加计划法就是通过新增或修订原有计划来对项目成本进行有效控制的方法。

4）计算机辅助法

计算机辅助法是借助 Project 等项目管理软件跟踪项目的计划成本、实际成本和预测成本的方法。

3.4.3 项目成本效益分析

项目成本效益分析是通过比较项目的全部成本和效益来评估项目价值的方法。成本效益分析的基本原理是：针对某项支出目标，提出若干实现该目标的方案，运用一定的技术方法，计算每种方案的成本和收益，通过比较方法，并依据一定的原则，选择出最优的决策方案。

项目成本效益分析方法主要有净现值收益法、现值指数法和内含报酬率法。

1）净现值收益法

净现值(Net-Present Value，NPV)是指一项投资所产生的未来现金流的折现值与项目投资成本之间的差值。净现值法是利用净现金效益量的总现值与净现金投资量之差算出净收益，然后根据净收益的大小来评价投资方案。

净现值计算公式为

$$\mathrm{NPV}=\sum_{i=0}^{n} I_t/(1+R)^{t}-\sum_{i=0}^{n} O_t/(1+R)^{t}$$

其中，I_t 表示第 t 年的现金流入量；O_t 表示第 t 年的现金流出量；R 表示折现率；n 表示投资项目的生命周期。

若净现值为正值，投资方案是可以接受的；若净现值是负值，投资方案就是不可接受的。净现值越大，投资方案越好。

【计算净现值】

假设投资 10 000 元，而未来 3 年中各年的收入分别为 3000 元、4500 元和 7700 元。如果每年的贴现率是 0.1，则投资的净现值是多少元？

解：贴现率也称为折现率，是将未来支付值折算为现值时使用的利率。例如，贴现率为 0.1，则第 1 年的贴现率为 100/(1+0.1)≈90.91，即一年后的 100 元人民币只相当于现在的 90.91 元。

根据净现值计算公式得

$$\begin{aligned}\mathrm{NPV}&=(3000\text{ 元}/1.1+4500\text{ 元}/1.1^{2}+7700\text{ 元}/1.1^{3})-10\,000\text{ 元}\\&\approx 2727.27\text{ 元}+3719.01\text{ 元}+5785.12\text{ 元}-100\,00\text{ 元}\\&=2231.4\text{ 元}\end{aligned}$$

在 Excel 中，使用 NPV 函数即可计算净现值。

2）现值指数法

现值指数(Present Value Index，PVI)是指某一投资方案未来现金流入量的总现值与其原始投资额的比值。现值指数的计算公式如下：

$$现值指数=\frac{未来现金流入量的总现值}{原始投资额}$$

现值指数大于1,表示投资方案从经济效益来说是可取的;反之,如果现值指数小于1,则投资方案从经济效益来说是不可取的。这个指数越大,表示经济效益越好。

例如,某项目原始投资额现值为100万元,未来现金净流量现值为120万元,则现值指数PVI=120/100=1.2。

通过现值指数的计算,能够知道投资方案的报酬率高于还是低于折现率。但是,现值指数法无法确定各方案本身能达到多大的报酬率,因而使项目管理人员不能明确地指出各方案的报酬率可达到多少,以便选取以最小的投资能获得最大的投资回报的方案。

3) 内含报酬率法

内含报酬率法又称内部收益率法。它是用内含报酬率(Internal Rate of Return,IRR)来评价项目投资财务效益的方法,是使得项目流入资金的现值总额与流出资金的现值总额相等的利率,也就是使得净现值等于0时的折现率。

内含报酬率法的计算步骤如下。

(1) 计算净现值。如果净现值是正值,就采用更高的折现率重新计算净现值,直到净现值(正值)接近0。

(2) 再继续提高折现率,直到计算出一个负的净现值。如果负值过大,就降低折现率,再重新计算净现值,直到得到接近0的负值。

(3) 根据接近0的相邻正负两个净现值的折现率,用线性插值法求得内含报酬率。

在Excel中,使用IRR函数即可计算内含报酬率。

该方法能够把项目生命期内的收益与其投资总额联系起来,得出这个项目的收益率,将它同行业基准投资收益率对比,以确定项目是否值得投资。但是此方法不能用于判断投资额。一个内含报酬率较低的方案,有可能由于其规模较大而有较大的净现值,因而更值得考虑。所以,在比较各个方案时,必须将内含报酬率与净现值结合起来考虑。

净现值是绝对指标,反映投资效益;现值指数是相对指标,反映投资效率。净现值法和现值指数法虽然考虑了货币的时间价值,但没有揭示方案自身可以达到的具体的报酬率是多少。内含报酬率是根据方案的现金流量计算的,是方案本身的投资报酬率。

上述3种方法各有所长，有不同的适用性。一般而言，如果投资项目是不可分割的，应采用净现值法；如果投资项目是可分割的，应采用现值指数法，优先分析现值指数高的项目；如果投资项目的收益可以用于再投资，则可采用内含报酬率法进行分析。如果可选的多个方案是相互排斥的，那么应根据净现值法来决定取舍；如果可选的多个方案是相互独立的，则应采用现值指数或内含报酬率作为决策指标。

3.5 IT项目质量管理

【项目质量问题案例】

案例1：Google公司的Gmail故障

2009年2月，Google公司的Gmail故障导致Gmail用户几小时不能访问邮箱。其后，据Google公司称，那次故障是因数据中心的负载均衡软件的缺陷引发的。

案例2：2011年温州"7·23"动车事故

2011年7月23日，甬温线浙江省温州市境内，从北京南站开往福州站的D301次动车与从杭州站开往福州南站的D3115次动车发生动车组列车追尾事故，造成40人死亡、172人受伤的事故，中断行车32小时35分，直接经济损失19 371.65万元。事故原因是：温州南站信号设备在设计上存在严重缺陷，遭雷击发生故障后，导致本应显示为红灯的区间信号机错误显示为绿灯。

案例3：致命的辐射治疗

2000年，巴拿马城从美国Multidata公司引入治疗规划软件。由于该软件中辐射治疗剂量的预设值有误，有些患者接受了超标剂量的治疗，造成至少5人死亡。后续几年中，又有21人死亡，但很难确定这21人中有多少人死于本身的癌症，又有多少人死于辐射治疗剂量超标引发的不良后果。

（资料来源：http://www.51testing.com/html/85/n-847885.html）

【软件缺陷案例】

案例1：阿丽亚娜5型运载火箭爆炸事件

1996年6月4日，欧洲航天局发射的阿丽亚娜5型运载火箭在法属圭亚那的库鲁发射场发射后仅40s就爆炸了。这枚火箭经过长达十年的研发，耗资80亿美元，这一事故导致了3.7亿美元的损失。发射失败的原因是在16位存储空间中保存64位数据，导致整数溢出。

案例 2：Windows 计算器中的缺陷

Windows 计算器中的缺陷存在于大多数 Windows 版本中(Windows 10 除外)，包括 Windows XP/7/ Vista /8。打开 Windows 8 计算器，输入 4，求平方根，然后再减去 2，得到的结果不是 0，如图 3.15 所示。

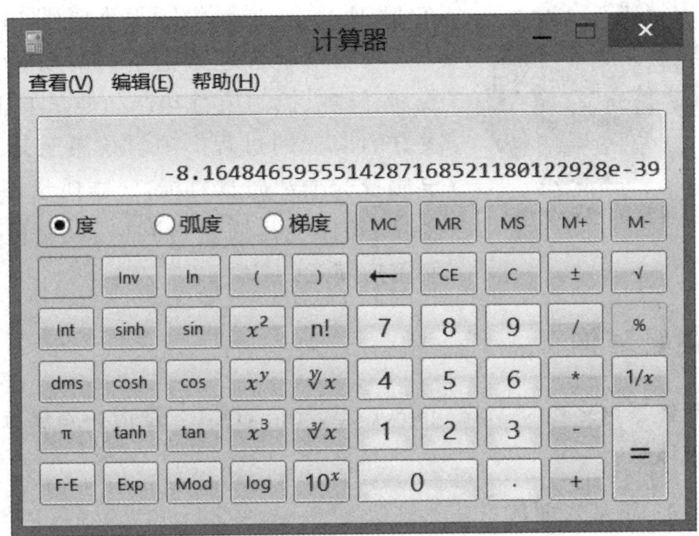

图 3.15　Windows 8 计算器中 sqrt(4)－2 的结果

这个缺陷的原因是程序中 sqrt 函数保存的结果是浮点数而不是整数，当涉及浮点数计算时出现精度错误。

案例 3：美国航空航天局的火星气候探测者号

耗资 1.25 亿美元的火星气候探测者号卫星于 1998 年 12 月 11 日发射升空。当该卫星即将进入火星轨道时，卫星与地面通信发生中断，结果卫星以错误的角度进入火星大气层，最终烧毁。事故原因是喷气推进实验室的导航团队在计算中使用了公制，但在计算关键加速度数据时使用了英制，不同的度量单位产生了冲突。

案例 4：千年虫

在 1999 年结束之际，由于许多程序只用最后两位数字表示年份，结果导致 2000 年和 1900 年无法区分。这个普遍存在的软件缺陷被称为千年虫。它影响到银行、核电站、医院、交通运输等行业。为解决这一日历数据的存储格式问题，全世界耗费了数十亿美元来升级计算机系统。

(资料来源：https://36kr.com/p/833528721040517)

计算机系统或者程序中存在的任何一种破坏正常运转能力的问题或者错误都可以称为软件缺陷。一个小小的缺陷就可能带来无法预估的巨大代价。历史上因质量问题造成的事故比比皆是。惨痛的教训提醒人们，在IT项目中，质量管理很重要(图3.16)。

图3.16 质量管理很重要

项目质量管理是把组织的质量政策应用于规划、管理、控制项目和产品质量要求，以满足相关方的期望的过程。项目质量管理的任务是制定质量标准和质量目标，实施质量保证和质量控制，以确保项目质量得到保障，交付的项目成果使用户满意。

3.5.1 质量管理体系

质量管理体系(Quality Management System，QMS)是指在质量方面指挥和控制组织的管理体系。

1. ISO 9001质量管理体系

针对质量管理体系的要求，国际标准化组织的质量管理和质量保证技术委员会(ISO/YC178)制定了ISO 9000系列标准，以适用于不同类型、产品、规模与性质的组织。该系列标准由若干相互关联或补充的单个标准组成，是国际通用的质量管理体系。

ISO 9001用于认证组织具有提供满足用户要求和法律法规的产品的能力，以提高用户满意度。ISO 9001认证不受产销双方经济利益支配，具有公证、科学的特点，是各国对产品和企业进行质量评价和监督的统一标准。

凡是通过ISO 9001认证的企业，在各项管理系统整合上均已达到国际标准，表明企业能持续、稳定地向用户提供预期和满意的合格产品。

2. 戴明循环模型

戴明循环(Deming cycle)是由世界著名质量管理专家戴明(Edwards Deming，1900—1993)提出的，是一个质量持续改进模型，它包括持续改进与不断学习的4个循环执行的步骤，即计划(Plan)、执行(Do)、检查(Check/Study)和处理(Act)。因此，戴明循环也称PDCA循环(PDCA cycle)。

戴明循环的步骤如下：

(1) 分析现状，找出问题。

(2) 分析各种影响因素或原因。

(3) 找出主要影响因素。

(4) 针对主要原因,制订计划,回答5W1H,即,为什么制订该计划(Why)?要达到什么目标(What)?在何处执行(Where)?由谁负责完成(Who)?在什么时间完成(When)?如何完成(How)?

(5) 执行、实施计划。

(6) 检查计划执行结果。

(7) 总结成功经验,制定相应标准,制定或修改工作规程、检查规程及其他有关规章制度。

(8) 把未解决或新出现的问题转入下一次戴明循环。

3. 软件能力成熟度模型

软件能力成熟度模型(Capability Maturity Model,CMM)是由美国卡内基·梅隆大学软件工程研究所在1987年研制成功的,是国际上最流行、最实用的软件生产过程标准和软件企业成熟度等级认证标准。CMM的核心原则是把软件开发视为一个过程,并根据这一原则对软件开发和维护进行过程监控和研究,以使其更加科学化、标准化,使企业能够更好地实现商业目标。

CMM是一种用于评价软件企业的软件承包能力并帮助其改善软件质量的方法,侧重于软件开发过程的管理及工程能力的提高与评估。CMM将软件过程分为5个等级:一级为初始级,二级为可重复级,三级为已定义级,四级为已管理级,五级为优化级。

(1) 初始级。工作无序,项目进行过程中常常放弃当初的计划;管理无章法,缺乏健全的管理制度;开发项目成效不稳定,项目成功主要依靠项目负责人的经验和能力,离开项目负责人,工作秩序就面目全非。

(2) 可重复级。管理制度化,建立了基本的管理制度和规程,管理工作有章可循;初步实现了标准化,开发工作能够较好地按标准实施;变更依法进行,能够做到基线化、稳定、可跟踪;新项目的计划和管理基于过去的实践经验,具有重复以前成功项目的环境和条件。

(3) 已定义级。开发过程均已实现标准化、文档化;建立了完善的培训制度和专家评审制度;全部技术活动和管理活动均可控制;人员对项目进行中的过程、岗位和职责均有共同的理解。

(4) 已管理级。产品和过程已建立了定量的质量目标,开发活动中的生产率和质量是可量度的;已建立了过程数据库,已实现了项目产品和过程的控制;可预测过程和产品质量趋势(如预测偏差),并能够及时纠正。

(5) 优化级。可集中精力改进过程,采用新技术、新方法;拥有防止出现缺陷、识别薄弱环节以及加以改进的手段;可取得过程有效性的统计数据,并以此为依据进行分析,从而得出最佳方法。

3.5.2 IT项目质量管理的主要过程

IT项目质量管理是指为了使IT企业的产品和服务质量能满足不断更新的市场与用户的质量要求而开展的策划、组织、计划、实施、控制、改进活动的总和。

IT项目质量管理主要包括规划质量管理、实施质量保证和控制质量3个过程。

1. 规划质量管理

规划质量管理重点考虑3方面的问题:明确质量标准、确定关键因素和建立控制流程。

现代质量管理的一项基本原则是:质量在计划中确定,而非在检验中确定。

质量管理规划的工具与技术主要有成本效益分析、基准对照、流程图、实验设计法、头脑风暴等。

2. 实施质量保证

实施质量保证是贯穿整个项目生命期的有计划、有系统的活动,是审计质量要求和质量控制测试结果、确保采用合理的质量标准和操作性定义的过程。质量保证往往由质量保证部等部门实施。质量保证的作用是从外部向质量控制系统施加影响和压力,促使质量管理活动更有效地进行。

软件质量保证(Software Quality Assurance,SQA)是建立一套有计划、有系统的方法,向管理层保证拟定的标准、步骤、实践和方法能够正确地被所有项目采用。软件质量保证的目的是使软件过程对于管理人员来说是可见的。它通过对软件产品和活动进行评审和审计来验证软件是合乎标准的。

管理大师戴明说过,85%的质量管理来自管理者。项目的质量管理工作的优劣取决于项目经理。在项目启动阶段,项目经理就要制定项目的质量标准和质量目标,要求全体项目成员遵守,而且要为项目质量管理活动的开展提供资源和制度保证。

软件质量保证主要包括以下措施。

(1) 应用好的技术方法。软件开发人员应该采用合适的软件开发环境、技术方法和工具,形成高质量的软件规格说明书和高质量的设计。

(2) 测试软件。软件测试是质量保证的重要手段。应当综合采用多种测试策略,设计高效的测试用例,进行软件测试。但是,应当认识到,软件测试并不能保证发现所有错误。

(3) 进行正式的技术评审。在软件开发的每个阶段结束时,都要组织正式的技术评审。

(4) 实施标准。用户可以根据需要,参照国际标准、国家标准或行业标准,制定软件工程实施的规范。在进行技术评审时,应检查软件是否与指定的标准一致。

(5) 控制变更。软件的每次变更都会有引入错误的危险,所以必须严格控制软件的变更。

(6) 证明程序正确性。程序正确性是指程序能完成预定的功能。

(7) 记录、保存和报告软件过程信息。利用这些信息,能够跟踪软件变更对软件质量的影响程度。

3. 控制质量

控制质量是监督并记录质量活动执行结果,以便评估绩效并推荐必要的变更的过程。

质量控制贯穿于项目的整个过程。它分为质量监测和质量控制两个阶段:质量监测的任务是收集、记录和汇报有关项目质量的信息;质量控制的任务是通过质量监测提供的数据进行质量控制,确保项目质量与计划保持一致。

目前业界广泛使用的"质量七工具"是因果图、控制图、流程图、帕累托图、核查表、直方图和散点图。

3.6 IT项目管理流程

IT 项目除了一般项目所具有的特征外,还具有目标的不确定性、需求的不稳定性、费用的不可控性、项目的时限性、对智力的依赖性、项目评价的主观性、项目的创新性等特征。流程管理的思想和方法能较好地适应 IT 项目的这些特征,使其开发和管理过程在受控的状态下进行。

1. IT 项目管理的总体流程

要管理一个 IT 项目,总体流程一般分为以下 4 个步骤。

(1) 识别项目需求。

(2) 确定方案。明确项目目标,并确定这些目标是能够实现的。

(3) 执行项目。在项目执行过程中,应权衡与协调质量、范围、时间、费用方面产生的要求与冲突。

(4) 结束项目。项目结果应使IT项目计划、方法和技术文档能够满足项目干系人的不同需求与期望。

IT项目管理过程中有3个与时间相关的重要活动:设置检查点、确定里程碑和建立基线,其目的是确定何时对项目进行何种检查和控制。

1) 设置检查点

设置检查点是在项目开发过程中设置固定的取样点,以便在规定的时间间隔内对项目进行检查,比较实际与计划之间的差异,并根据已经设定的差异调整规程对差异进行调整。检查时间间隔可以根据项目生命周期的长短确定。经验做法是每周检查一次,项目经理在周末召开例会并要求项目组成员上交周报。

2) 确定里程碑

里程碑是指相关人员负责的按计划预定的标志性事件,用于测量工作进度。确定里程碑可以避免前松后紧,降低项目风险,并能根据每个里程碑交付物的结果对项目前期成本进行初步测算,有利于成本的控制。

3) 建立基线

基线是一个或一组配置项,是在项目生命周期的不同时间点通过正式评审进入正式受控的一种状态;基建实际上由一些重要的里程碑组成,相关交付物是通过正式评审并作为后续工作的基准或输入。

与其他项目一样,IT项目在其生命周期内存在两次责任转移:签订合同时,项目责任由甲方转移至乙方;项目正式验收后,项目责任由乙方转移至甲方。如果一开始对于项目的工作范围没有加以明确,则两次责任转移难以顺利进行。

下面以系统集成、管理咨询、软件研发这3类IT项目为例,分别说明其管理流程。

2. 系统集成类项目管理流程

系统集成类项目一般是由用户委托的,包含的内容比较繁杂,项目过程也比较复杂。例如,有的项目包含网络工程、软件集成、软件开发、软件配置与整合、系统培训与维护等。

这类项目工作的重点是设计合适的集成方案,选择第三方产品(网络设备、系统软件和应用软件)或自己开发产品,并通过应用开发和安装调试等大量技术性工作实现一个完整的解决方案。

系统集成类项目管理流程一般分为以下9个阶段。

1）系统定义

通过对用户需求进行分析，确定项目范围以及集成后系统的功能和性能，并完成经用户确认的系统需求规格说明书。

2）确定系统方案

根据系统需求规格说明书，设计和确定系统具体的解决方案。主要包括以下内容：指明构成该系统的计算机硬件、网络设备的型号及性能要求，并给出参考厂家；列出需要的系统软件及相应的应用软件，指出这些软件的功能要求；对于需要采购的软硬件给出参考厂家及版本号，并明确给出定制软件的功能及性能要求。

3）项目采购

根据项目采购的规范，对系统中需要采购的计算机硬件、网络设备、系统软件进行采购，对相关的应用软件进行外包。

4）软件定制

依据软件开发规范，对应用软件进行开发。

5）网络集成

根据设计的网络平台及服务器平台的要求，搭建网络系统并配置基本的系统软件，为整个网络系统正常运行奠定基础。

6）软件集成

在搭建好的网络平台及服务器平台的基础上，根据基础应用平台设计要求，集成所有采购、外包及定制的软件。

7）集成测试

集成测试是测试与组装的系统化技术，包括网络设备与软件的组装。集成测试贯穿于网络集成和软件集成的整个过程，而且要对网络系统的广域网、局域网进行总体检测与测试。

8）验收

验收是指验证集成后系统的功能和性能与用户要求是否一致。

9）系统维护

系统维护是在系统已经交付运行之后，为改正错误或满足新的需要而对系统进行修改的过程。对于集成的系统来说，系统维护不仅包括软件维护，还包括硬件及网络设备的维护。

3. 管理咨询类项目管理流程

管理咨询是由经过特殊训练的合格人员向各种组织客观、独立提供的以合同为基础的顾问服务。管理咨询人员采用科学的方法，进行定量和确有论据的定性分析，帮助用户组织确定和分析相关问题，提出切实可行的改善方案，进而指导实施方案，使企业的运行机制得到改善，提高企业的管理水平和经济效益。

常见的管理咨询类项目有企业资源计划（Enterprise Resource Planning，ERP）、客户关系管理（Customer Relationship Management，CRM）等。ERP 系统包括供应链管理、销售与市场分销、客户服务、财务管理、制造管理、库存管理、设备维护、人力资源管理、报表生成、制造执行系统、工作流服务和企业信息系统等主要功能，以及金融投资管理、质量管理、运输管理、项目管理、法规与标准和过程控制等补充功能。CRM 系统主要包括客户资源管理、销售管理、客户服务管理、日常事务管理等功能。

管理咨询类项目管理流程一般分为以下 7 个阶段。

1）项目准备

当接受用户的咨询请求并签订咨询合同后，项目经理开始了解用户企业和项目概况，建立项目的工作环境并组建项目组，确定项目的范围并制订项目计划。此阶段完成的文档主要有《项目计划》《项目的范围、目标和实施方法》。

2）需求调研

需求调研主要由业务咨询顾问和企业信息化软件顾问共同完成。此阶段要完成的工作主要有：通过各种手段和用户进行沟通，对用户进行业务流程描述培训，组织指导现有业务流程描述，收集企业现状资料并形成内部调研报告，召开管理问题分析会议。此阶段完成的主要文档有内部的《调研报告》和《业务流程现状描述》。

3）业务流程重组与企业信息化软件解决方案设计

此阶段由业务咨询顾问和企业信息化软件顾问共同完成。此阶段的主要工作是确定目标流程清单，与用户进行充分沟通，以确定目标业务流程，优化部门职责、岗位职责和绩效的评价指标，提出解决管理问题的途径和组织机构的调整方案，进行流程优化的设计。此阶段的主要文档有《管理模式设计报告》《业务流程优化设计报告》和《管理白皮书》。

4）软件模块培训

此阶段由培训顾问负责实施。此阶段的主要工作是编制《企业信息化软件模块培训教材》，对用户的咨询和信息化软件进行培训、考核等。

5）解决方案讨论确定

此阶段由企业信息化软件顾问实施，主要是对解决方案进行各种形式的演示和讨论，让用户明确项目组提供的几种候选解决方案，并能确定最终采用的解决方案。

6）应用软件上线

此阶段由企业信息化软件顾问和用户项目组人员共同实施。在系统测试完成前的主要工作有安排数据采集、确定系统详细设置、建立测试环境和进行系统测试。在系统测试完成后的主要工作有制订上线计划、布置上线准备、指导编写用户培训手册并培训最终用户，建立正式运行环境并进行初期数据录入和核对工作，在签订上线确认书后，系统就正式上线运行。此阶段要完成的文档有《数据采集表》《各模块系统设置报告》《测试报告》《用户培训手册》《上线确认书》等。

7）辅助运行

此阶段由企业信息化软件顾问和客户项目组人员共同实施。由于在新系统上线后的一段时间内，原系统可能还在继续运行，因此，此阶段的主要工作是：指导补录业务数据，理顺业务流程，并行系统对账，解决出现的系统问题，整理项目文档，准备验收。

4. 软件研发类项目管理流程

参与研发类项目工作的部门主要有技术管理部、软件生产部、测试部、市场部、质量管理部、财务部和资源管理部。

软件研发类项目管理流程主要包括可行性研究、立项审批、产品定义、软件开发、测试执行、验收、产品维护7个阶段。

1）可行性研究

此阶段的主要工作流程如下：

(1) 市场部寻找潜在产品市场，制订产品市场发展策略，编制研发产品的《市场分析报告》。

(2) 技术管理部负责组织并协调研发项目的可行性分析。

(3) 软件生产部编制研发产品的《技术分析报告》。

(4) 技术管理部编制《可行性研究报告》并准备正式评审。

(5) 技术管理部组织市场部、技术管理部、软件生产部、测试部、财务部以及质量管理部等部门对研发产品的可行性进行评审。如果通过评审，由技术管理部提交《立项申请表》和《可行性研究报告》，进入下一个阶段——立项审批；如果没有通过评审，则放弃该产品。

2）立项审批

此阶段的主要工作流程如下：

(1) 技术管理部准备完整的软件产品立项申请材料，包括《立项申请表》《可行性研究报告》等相关材料，并将完整的材料送交市场部、产品管理部、产品开发部、测试部、销售部、财务部以及质量管理部等部门进行审核并签字确认，最后由总经理批准。

(2) 产品立项材料经批准后，技术管理部应在规定时间内将正式的立项通知发送给上述部门。

3) 产品定义

此阶段的主要工作流程如下：

(1) 市场部协助技术管理部收集用户需求，技术管理部和市场部完成《系统需求说明书》，技术管理部完成《系统功能说明书》，产品管理部、产品开发部、测试部等部门参与评审。

(2) 技术管理部负责组织软件生产部和测试部共同编制《项目任务书》，并最终由产品管理部、产品开发部和测试部等部门的负责人评审并签名确认。

(3) 技术管理部将项目任务书下达到各有关部门。市场部开始产品的宣传策划，制订宣传计划，并按计划向目标用户宣传产品信息。

(4) 市场部为产品寻找前期测试用户，并开始向目标用户传递产品信息，寻找潜在的合同。

4) 软件开发

此阶段的主要工作流程如下：

(1) 软件生产部和测试部制订《项目计划》，产品管理部、产品开发部、测试部、市场销售部等部门参与评审。

(2) 软件开发组进行需求分析，完成《软件功能说明书》并通过评审。

(3) 软件开发组制订《软件配置管理计划》并通过评审。

(4) 软件质量保证组制订《软件质量保障计划》并通过评审。

(5) 测试组制订《测试计划》并通过评审。

(6) 软件开发组完成软件产品的概要设计并通过评审。

(7) 测试组制订软件产品的测试方案并通过评审。

(8) 软件开发组进行软件产品的详细设计并通过评审。详细设计评审可在软件开发组内进行。

(9) 所有源代码要按照软件能力成熟度模型的各项要求进行开发并通过评审。代码评审可在软件开发组内进行。

(10) 在软件开发组的详细设计和编码阶段，测试组同步进行测试用例的设计并通过评审。

(11) 软件开发组进行单元测试用例设计，执行单元测试，并提交《单元测试总结报告》，以保证提交给测试组的产品的完整性和正确性。

5）测试执行

此阶段的主要工作流程如下：

(1) 测试组检查软件版本是否具备一致性和正确性，检查《单元测试总结报告》是否完整。如果合格，进入测试阶段；否则，不能进入测试执行阶段。

(2) 按照测试计划，依据测试方案和测试用例执行软件测试。

(3) 按照测试计划和测试方案的要求，测试全部结束后，测试组完成《测试总结报告》。

6）验收

此阶段的主要工作流程如下：

(1) 质量管理部对软件工作产品进行检查，完成《软件质量保证总结报告》。财务部完成《财务总结报告》。

(2) 技术管理部综合项目的《测试总结报告》《软件质量保证总结报告》和《财务总结报告》，完成《项目总结报告》。

(3) 技术管理部组织产品管理部、产品开发部、测试部、市场部、销售部、质量管理部等部门召开验收会议。如果验收通过，各部门负责人在产品发布记录上签字确认。

7）产品维护

软件产品发布后，对产品维护应按照公司规定的软件维护过程文件的要求进行处理。在软件产品的维护期间，质量管理部收集、分析所有的问题，组织协调产品开发部等部门对问题进行处理。

3.7 软件项目管理

软件项目是由人的智力活动构成的技术密集型项目，有其特殊性和复杂性，主要有以下3方面：首先，软件产品是一种无形的逻辑产品，这类产品的成本和质量等属性难以估算和度量；其次，通常难以确定软件需求，且其具有易变性的特点，因而难以控制软件项目的开发进度成本和生产力；最后，软件系统内在的逻辑复杂性往往导致难以控制和预见其质量以及软件开发工程中遇到的风险。因此，将软件项目管理单独作为一节来阐述。

【面露难色的小宋】

在项目策划阶段的一次集体会议上，公司负责人询问项目负责人小宋："软件计划开发估计需要多少时间和成本?”小宋回答说:“估计时间不会太长,成本也在一个可接受的范围内。”负责人的眉头紧皱了一下。小李看出负责人对他的回答不满意,经过一番思考后回答说:“项目时间估计需要4～5个月,成本估计需要20万～30万元。”这时,负责人的眉头舒展了一些,进一步询问:“你是如何得到这组数据的?”小宋面露难色,一时回答不出来(图3.17)。

图3.17 面露难色的小宋

从这个案例可以看出,为了支持软件项目的管理、推动软件项目的实施,需要对软件项目进行各方面的度量。

3.7.1 软件项目的规模、工作量和成本的关系

规模、工作量和成本是软件项目管理中的3个主要估算对象,项目成本估算与规模、工作量紧密相关。

1. 软件项目规模和软件项目工作量

软件项目规模一般是指开发的软件的规模,软件项目工作量是指为了提供软件的功能而必须完成的软件工程任务量。其度量单位是人在一定时间内完成的任务量,最常见的单位是人月(也可以以人天、人年为单位)。为了确定工作量的度量单位,可设定一个“标准程序员”,例如具有15～18个月开发经验的程序员。

项目工作量与项目规模紧密相关,此外还与团队、项目和产品特性(如团队的技术和能力、团队的稳定性、开发使用的语言和平台、项目实施中的自动化程度、产品复杂性等)相关。

2. 软件项目工作量和软件项目成本

软件项目成本是完成软件项目工作量所付出的代价。软件项目的主要成本是人力成本。

项目工作量是项目成本的主要考虑因素,完成项目工作量所消耗的成本是项目成本最主要的部分。所以,项目的工作量估算和成本估算可以同时进行。

如果确定了单位工作量所消耗的成本,就可根据项目工作量计算出项目成本。例如,如果一个软件项目的工作量是10人月,而企业的单位工作量人力成本是1万元/人月,则完成该项目工作量所需的成本是10万元。

3. 软件项目成本的构成

软件项目主要的成本不是原材料及能源的消耗,而是在项目开发过程中完成的工作量及相应的代价,即人力成本。

一般软件项目的成本主要包括以下几种:

(1) 软硬件购置成本。软硬件购置费用虽然可以作为企业的固定资产,但因IT技术更新太快,常常需要在项目开发中分摊部分软硬件购置费用。

(2) 人工成本。主要指开发人员、操作人员、管理人员在软件开发、系统集成等过程中所得的工资和福利费等。

(3) 维护成本。是在项目交付使用之后承诺给用户的后续服务所必需的开支。软件业属于服务行业,其项目的后期服务是项目必不可少的重要实施内容。所以,维护成本在项目生命周期成本中占有相当大的比例。

(4) 培训费。是项目完毕后对用户进行具体操作的培训所花的费用。

(5) 业务费和差旅费。软件项目一般以招投标、谈判协商等方式进行,所以会产生业务宣传费、会议费、招待费、招投标费、差旅费等。

(6) 管理及服务费。管理及服务费是指项目应分摊的公司管理层、财务及办公等服务人员的费用。

(7) 其他费用。除了上述费用外,还有可能产生一些基本建设费用(新建和扩建机房、购置计算机机台和机柜等的费用)、材料费(打印纸、磁盘等的购置费)、能源动力费(水、电、气等的费用)、图书资料费、固定资产折旧费及咨询费等。

3.7.2 软件项目的规模、工作量和成本的估算方法

软件项目的规模、工作量和成本的估算方法主要有基于代码行数和功能点数估算和基于经验模型估算两类。

1. 基于代码行数和功能点数估算

项目规模的度量指标一般有两种:一是源代码行数(Lines of Code,LOC),二是系统的功能点数(Function Point,FP)。

1) 基于代码行数估算项目规模

用代码行数表示软件项目的规模简单易行。但是,其缺点也非常明显:

(1) 在软件项目开发初期,很难估算出软件系统最终的代码行数。

(2) 软件项目代码行数通常依赖于程序设计语言的功能和表达能力。

(3) 采用代码行数的估算方法，会对那些设计精巧的软件项目产生不利影响。

(4) 该方法只适合过程式程序设计语言(如C、BASIC等)，不适合非过程式程序设计语言(如函数式语言Python或逻辑编程语言Prolog)。

2) 基于功能点数估算项目规模

1979年，IBM公司的阿尔布雷特克(Allan Albrecht)提出了计算功能点数的方法，该方法需要对软件系统的内部基本功能和外部基本功能进行评估，然后根据技术复杂度因子对评估结果进行加权量化，得到软件系统功能点值。

软件系统功能点数计算公式为

$$FP = CT \times \left(0.65 + 0.01 \times \sum_{i=1}^{14} F_i\right)$$

对上式说明如下：

(1) CT是5个信息量的加权和，计算方法如下：

CT＝(简单用户输入数×3＋一般用户输入数×4＋复杂用户输入数×6)＋
(简单用户输出数×4＋一般用户输出数×5＋复杂用户输出数×7)＋
(简单用户查询数×3＋一般用户查询数×4＋复杂用户查询数×6)＋
(简单文件数×7＋一般文件数×10＋复杂文件数×15)＋
(简单外部界面数×5＋一般外部界面数×7＋复杂外部界面数×10)

用户输入数是指由用户输入的应用数据项的数目；用户输出数是指向用户输出的应用数据项的数目；用户查询数是指要求回答的交互式输入项；文件数是指系统中主文件的数目；外部界面数是指计算机可读的文件数目，如磁盘或者U盘等外存中的数据文件数。

(2) 0.65和0.01是经验常数。

(3) $F_i(i=1,2,\cdots,14)$是14个技术复杂度因子，其取值如表3.9所示。

表3.9　F_i 取值

F_i	问　　题	取　　值
F_1	系统需要可靠的备份和复原吗？	0：没有影响 1：偶有影响 2：轻微影响
F_2	系统需要数据通信吗？	
F_3	系统有分布式处理功能吗？	
F_4	系统性能处于临界状态吗？	
F_5	系统是否在一个实用的操作系统下运行？	

续表

F_i	问　　题	取　值
F_6	系统需要联机数据项吗？	3：一般影响 4：较大影响 5：严重影响
F_7	联机数据项是否在多屏幕或多操作之间进行切换？	
F_8	需要联机更新主文件吗？	
F_9	输入、输出、查询和文件很复杂吗？	
F_{10}	系统内部处理复杂吗？	
F_{11}	代码需要被设计成可重用的吗？	
F_{12}	设计过程中需要包括转换和安装吗？	
F_{13}	系统的设计支持不同组织的多次安装吗？	
F_{14}	应用系统的设计便于用户修改和使用吗？	

【估算某项目的功能点数】

对于某软件开发项目，根据用户需求分析，得到CT中的相关数值，计算如下：

$$\begin{aligned}\mathrm{CT}=&(3\times3+2\times4+4\times6)+(5\times4+8\times5+5\times7)+\\&(2\times3+1\times4+3\times6)+(0\times7+4\times10+3\times15)+\\&(2\times5+3\times7+5\times10)\\=&330\end{aligned}$$

14个技术复杂度因子之和为31。求该项目的功能点数。

解：根据公式，FP＝330×(0.65＋0.01×31)＝316.8，即该项目的功能点数大致为317。

用功能点数表示软件项目规模的优点是：软件系统的功能与用来实现该软件的程序设计语言和技术无关，而且在软件开发的早期阶段就可以通过对用户需求的理解获得软件系统的功能点数。

该方法的缺点有3个：一是该方法没有考虑算法的复杂度，不适合算法比较复杂的软件系统；二是功能点数的计算主要依靠经验公式，主观因素比较多；三是计算功能点数所需的数据不易采集。

3）基于代码行数或功能点数估算项目成本和工作量

如果用L表示项目规模（以代码行数或功能点数来表示），用E表示工作量（单位为人月），用S表示项目的总开销，用PM表示生产率（一人月能够生产的功能点数或代码行数），用CKL表示每行代码或每个功能点的平均成本，那么就可以估算出项目规模的乐观值 a、悲观值 b 和一般值 m，并根据公式 $e=(a+4\times m+b)/6$ 计算出项目规模的期望值 e。最后可以计算出生产率和平均成本，公式如下：

$$\mathrm{PM}=L/E$$

$$\mathrm{CKL}=S/L$$

对于一个软件开发组织或者项目组来说，其软件生产率和平均成本是相对稳定的。所以，根据以往软件项目的生产率和平均成本的历史值，只要估算出当前项目的规模 L，就可以计算出当前项目工作量和项目成本，公式如下：

$$E=L/\mathrm{PM}$$

$$S=\mathrm{CKL}\times L$$

【估算某项目的工作量和开发成本】

某个项目组要开发一个软件项目。经估算，该项目的规模是 453 个功能点。根据历史数据得知：PM 为 7 个功能点每人月，每个功能点的平均成本为 7500 元。请估算该项目的工作量和开发成本。

解：根据公式，该软件项目的开发成本为

$$S=7500\text{ 元}\times 453=3\ 397\ 500\text{ 元}$$

工作量为

$$E=453/7=64.7\text{ 人月}$$

2. 基于经验模型估算项目规模、工作量和成本

构造性成本模型(Constructive Cost model，COCOMO)是世界上应用最广泛的经验模型之一，它是美国计算机科学家玻姆于 1981 年利用加利福尼亚的一家咨询公司的大量项目数据推导出的成本模型。

基本 COCOMO 模型通过以下两个公式来描述。

1）工作量与软件系统规模的关系公式

工作量与软件系统规模的关系公式为

$$E=a\times \mathrm{KLOC}^{b}$$

其中，E 是项目的工作量(单位为人月)；KLOC 是软件产品的代码行数(单位为千行)；a、b 是经验参数，如表 3.10 所示。

2）软件系统的开发时间与工作量的关系公式

软件系统的开发时间与工作量的关系公式为

$$D=c\times E^{d}$$

其中，E 是项目的工作量(单位为人月)；D 是开发时间(单位为月)；c、d 是经验参数，如表 3.10 所示。

表 3.10 COCOMO 模型的经验参数

软件类型	a	b	c	d	适用范围
组织型	2.4	1.05	2.5	0.38	各类应用程序,如数据处理、科学计算等;受硬件的约束较小,接口环境灵活;软件的规模不是很大
半独立型	3.0	1.12	2.5	0.35	各类应用程序、编译程序等
嵌入型	3.6	1.20	2.5	0.32	各类实时软件、操作系统、控制程序等;在硬件和软件的严格约束条件下运行,系统变更的代价很高

【估算某项目的工作量和开发时间】

有一个 KLOC 为 24.5 的软件开发项目,属于半独立型项目。估算该项目的工作量和开发时间。

解:

$$E = a \times \text{KLOC}^b = 3.0 \times 24.5^{1.12} = 107.9 \text{ 人月}$$

$$D = c \times E^d = 2.5 \times 107.9^{0.35} = 12.9 \text{ 月}$$

3. 专家估算法

专家估算法是由多位对应用领域和开发环境有丰富经验的专家进行成本估算。专家是指具有专门知识和经验或经过专业培训的团体或个人。

一般要求 n 个专家在详细研究软件规格说明后对该软件提出 3 个工作量(或成本)的估算值,即最小值 a_i、可能值 m_i 和最大值 b_i,然后计算每位专家的平均估算值

$$E_i = (a_i + 4m_i + b_i)/6 \quad (i = 1, 2, \cdots, n)$$

最后根据各位专家的估算值计算出总的平均估算值

$$E = (E_1 + E_2 + \cdots + E_n)/n$$

专家估算法具有人为因素多、主观因素大的特点,一般用于软件开发的初级阶段,因为此时软件项目组难以获得估算软件项目需要的各种数据和信息。

例如,现要估算某个管理信息系统的开发成本,3 位专家的估算结果如下。

专家 1 的 3 个估算值为 1、8、9,则

$$E_1 = (1 + 4 \times 8 + 9)/6 = 7$$

专家 2 的 3 个估算值为 4、6、8,则

$$E_2 = (4 + 4 \times 6 + 8)/6 = 6$$

专家 3 的 3 个估算值为 3、6、9,则

$$E_3 = (3 + 4 \times 6 + 9)/6 = 6$$

因此，估算结果为

$$E=(7+6+6)/3=6.33$$

另外，前面也提到过，如果待估算的项目与以往的项目具有一定的相似性，可以使用类比估算法。

4. 软件项目的估算原则

软件项目的估算原则如下：

(1) 选择估算方法时，要充分考虑方法本身的技术特点以及现有的软件项目的经验数据。例如，如果软件开发组织没有以往类似项目的数据和信息，就不应选择类比估算法；如果在项目中使用经验模型较为成功，而且有历史数据，那么可以考虑采用基于经验模型的估算方法。

(2) 为了避免单一估算方法的局限性和片面性，可以考虑采用多种估算方法，然后对各估算结果进行分析、比较和综合利用。

(3) 可以考虑将估算结果表示为一个区间，而不是一个具体的值，从而供开发人员和管理人员进一步决策。

(4) 针对每一个估算结果，必须详细说明估算的依据，包括：是否对于待估算的项目已有充分的了解和分析；估算是否建立在以往类似软件项目所积累的经验数据的基础上。

(5) 根据软件开发组织的特点和历史数据，要不断调整估算模型中的经验参数，寻找最适合软件开发组织特点和软件项目特点的经验模型。

(6) 不断记录和积累估算数据，为后续软件项目的估算提供有益的借鉴。

第 4 章

IT 工程师的职业素养

好消息是计算机只做你让它们做的事。坏消息是计算机只做你让它们做的事。

——泰德·纳尔逊（Ted Nelson）

人类的工程实践不仅是一种改造自然的技术活动，也是一种涉及人、自然与社会的伦理活动。因此，工程师自身的伦理素养和社会责任的提升关系到经济社会与自然的和谐发展。工程师应该具有工程伦理意识、人文社会科学素养和社会责任感，能够在 IT 工程实践中理解并遵守工程职业道德和行为规范，履行计算机工程师的社会责任。

职业素养是指职业内在的规范和要求，是人在职业过程中表现的综合品质，包含职业道德、职业技能、职业行为、职业作风和职业意识等方面。

工程师的职业素养范围很广，包括职业道德伦理、职业意识、职业行为习惯、职业技能等很多方面。

本章主要从工程伦理、信息伦理以及 IT 工程师的道德修养和核心素养方面进行阐述。

4.1 工程伦理

4.1.1 工程伦理关注的主要问题

伦理是指作为具有民事能力的个人用来指导自身行为的基本准则。

工程伦理学是最近几十年发展起来的应用伦理学的重要分支，致力于探讨与工程活动有关的道德和社会问题。

工程伦理主要关注工程的技术伦理、利益伦理、责任伦理和环境伦理。

1. 工程的技术伦理

工程中的技术活动是技术系统通过人与自然、社会等外界因素相互作用的过程,其中,人是道德主体,因此工程技术活动涉及伦理问题,道德评价标准是工程技术活动的基本标准之一。

2. 工程的利益伦理

利益相关者理论是20世纪60年代在西方国家逐步发展起来的。进入20世纪80年代以后,该理论的影响迅速扩大,开始影响美、英等国的公司治理模式的选择,并促进了企业管理方式的转变。

利益相关者理论有深刻的理论背景和实践背景。利益相关者理论立足的关键之处在于:它认为,随着时代的发展,物质资本所有者在公司中的地位呈逐渐弱化的趋势。公司本质上是受多种市场影响的企业实体,而不是由股东主导的企业组织制度。由于债权人、管理者和员工等许多人为公司贡献了特殊资源,因此股东并不是公司的唯一所有者。

工程活动是人类社会存在和发展的物质基础,这就意味着所有的机构、团体和个人都有可能在某一项造物活动中成为利益相关者。

工程项目的利益相关者包括政府及其有关职能部门、用户、工程项目建设区域的居民、新闻媒体、社团组织、社会公众、非政府组织等,而且不同的工程项目涉及的利益相关者也有很大不同。因此,工程项目需要面对很多与利益相关者有关的问题,需要考虑各种工程伦理问题,需要承担社会责任。

3. 工程的责任伦理

工程师是工程责任伦理的重要主体,投资人、决策者、企业法人、管理者以及公众也是工程的责任主体。工程师不仅需要忠于雇主,同时也需要对社会和自然负有责任。

4. 工程的环境伦理

工程活动造成的环境问题使得工程的环境伦理受到普遍关注。在工程实践活动的各环节力争减少对环境的负面影响,才能使工程活动得到可持续发展。

4.1.2 处理工程伦理问题的基本原则

工程伦理需要将公众的安全、健康和福祉放在首位,因此需要坚持人道主义、社会公正和人与自然和谐发展3个基本原则。在具体的不同种类的工程实践活动中,应结合具体的实践情景和要求,在此基本原则的基础上制定具体的行为准则。

1. 人道主义

人道主义是处理工程与人之间关系的基本原则。人道主义提倡关怀和尊重,主张人格平等,以人为本。人道主义主要包括两条基本原则——自主原则和不伤害原则。

(1) 自主原则。指所有人享有平等的价值和普遍尊严,人应该有权决定自己的最佳利益。现代社会自主原则集中体现为两点:一是保护隐私,二是知情同意。这两点在医学工程和IT工程中被广泛应用。

(2) 不伤害原则。指人人具有生存权。工程应该尊重生命,尽可能避免给人类造成伤害,无论任何工程都必须保证人身安全与健康。

2. 社会公正

社会公正是处理工程与社会之间关系的基本原则。社会公正原则是建立在社会正义的基础上的群体性人道主义,即要尽可能公正与平等地尊重和保障每一个人的生存权、发展权、财产权和隐私权等。社会公正原则在工程实践活动中具体体现为需要兼顾强势群体与弱势群体、主流文化与非主流文化、受益者与受损者、直接利益相关者与间接利益相关者等各方利益。

3. 人与自然和谐发展

人与自然和谐发展是处理工程与自然之间关系的基本原则。在处理工程与自然的关系时,要重视环境保护,遵从自然规律和自然的生态规律。

2020年新冠肺炎疫情的肆虐让人们重新思考人与自然的关系。人类应当从人与自然和谐发展的高度去深刻认识人与自然的关系。人与人是平等的,人类世界与自然界也是平等的。

自2014年起,每年的3月3日是世界野生动植物日。2020年世界野生动植物日的主题是"维护地球上所有的生命",中国的主题是"维护全球生命共同体"。人类要平等地对待自然界的一切生命,维护所有生命赖以生存的环境,学会与大自然和谐相处。人与自然和谐发展的观念不仅要根植在意识中,更要落实到实践中,形成全社会的行为准则。只有爱护和珍惜我们赖以生存的自然环境,才能真正实现人与自然的和谐发展。

4.1.3 工程中的风险与防范

1. 工程风险的来源

【工程中的风险】

工程中总是难免伴随着一些风险。

2011年10月,3500多万黑莓族网站粉丝发现,由于网络服务中断,他们无法查看自己的电子邮件或浏览网页,这种情况持续了4天。此次故障导致黑莓公司损失高达5400万美元。

2013年4月，美国航空公司的联机订票系统崩溃，导致其不得不通过其他方式为400架次航班售票。

2013年11月，零售巨头沃尔玛网站发生故障，导致其许多原本售价为600美元的电子消费产品标出极低价格——8.85美元。

1999年6月29日和30日，美国黑客乔纳森·詹姆斯(Jonathan James)以代号c0mrade非法进入了美国国防部的13个计算机系统，获得和下载了来自美国国家航空航天局(NASA)的专用软件，价值约170万美元。美国国家航空航天局的计算机系统在1999年7月死机长达21天，损失超过4.1万美元。

近十年，世界多国都先后发生过因各种自然灾害引发的大规模停电事故。

从以上案例可以看出，工程风险主要由工程中的技术因素、人为因素和外部环境因素这3种因素造成。

2. 工程风险的防范

工程风险的防范主要从以下3方面着手。

1) 工程的质量监理

工程质量监理的任务是对施工全过程进行检查、监督和管理，消除影响工程质量的各种不利因素，使工程项目符合合同图纸技术规范和质量标准等方面的要求。

一般软件系统质量监理的主要任务包括开发模型和进度的确认、业务模型及需求的确认、体系结构测试、详细设计监测与系统集成测试、系统试运行监控和最后对整个软件系统的全面验收。

2) 意外风险控制

工程风险是可以预防的，建立工程预警系统是预防事故发生的有效措施之一，可以在一定程度上预判工程风险的发生概率，从而提前做好应对风险的准备。意外风险的应对通常采取的措施包括风险回避、风险转移、风险遏制、风险化解、风险自留等。

3) 事故应急处置

对于工程事故，应该事先准备一套完善的事故应急预案，以保证迅速、有序地开展应急救援活动，最大限度地减少人员伤亡和经济损失。

4.1.4 工程价值和工程活动的社会成本与公正

1. 工程价值

工程不仅具有经济价值，还具有科学、政治、社会、文化、生态等多方面的价值。

例如，互联网和移动通信等技术促进了数字新媒体的发展，使文化传播的内容更加丰富。工程是科技、管理和艺术等要素的集成和结晶。好的工程活动及其产品能够给人以美的享受，具有文化艺术价值。

2. 工程活动的社会成本

工程活动的社会成本主要包括对环境资源的影响所形成的社会成本、对社会的影响所形成的社会成本（例如施工中产生的噪声对人们身心健康造成的损害）、对经济的影响所形成的社会成本（例如电子垃圾在回收处理阶段的社会成本）。

另外，基于利益相关者理论，工程发起方应当拓展关注的范围，将受工程影响（尤其是负面影响）的利益相关者纳入关注的视野，并注意公平分配的问题，这是企业的社会责任。

3. 工程活动中的公正

由于工程活动的社会性，其后果和影响可能会波及其他社会成员及生态环境，引起分配公正的问题。

公正指每个人都应获得其应得的利益。工程领域的分配公正主要是指：工程活动不应该危及个体与特定人群的基本生存和发展的需要；不同的利益集团和个体应该合理地分担与分配工程活动所涉及的成本风险与效益；对于因工程活动而处于相对不利地位的个人与人群，应给予适当的帮助和补偿。

分配公正的实践途径有两个：一是应当全面考虑工程的价值和成本，建立补偿机制，对利益受损方给予补偿，以实现分配公正；二是建立利益相关者的利益协调机制，吸收广大公众参与工程的决策设计与实施全过程。

4.1.5 工程活动中的环境伦理

【只为保护它】

2018年10月24日，世界上最长的跨海大桥——港珠澳大桥正式通车。在港珠澳大桥修建过程中，建设方竟花3.4亿元干了一件与大桥建设无关的事。对于为此付出这么多资金、这么大成本和这么多劳动，所有人的态度是一致的：值得！

只为保护它……

总长约55千米的港珠澳大桥穿越伶仃洋，这片水域生活着国家一级保护动物——中华白海豚。

中华白海豚是水生哺乳动物，有“美人鱼”和“水上大熊猫”之称。1988年，白海豚被列为国家一级重点保护的濒危野生动物。随着人类向滨海区域聚居，近岸海域的开发力度不断加大，围填海工程、海上交通和渔业捕捞等活动使得中华白海豚的生存环境面临严重威胁。

港珠澳大桥主体工程自建设以来，直接投入白海豚生态补偿费用8000万元，用于施工中相关监测的费用4137万元，环保顾问费用900万元，渔业资源生态损失补偿费用约1.88亿元，有关环保课题研究费用约1000万元，其他费用约800万元，共计约3.4亿元。

（资料来源：https://www.sohu.com/a/271135905_100097861）

1. 心灵环保

现代科技日新月异，工业文明的成果遍及世界各个角落。人们在尽情享受着物质财富带来的巨变的同时，应该清醒地看到，各种资源的过度开发已经令人类赖以生存的地球满目疮痍，已经为环境和宝贵的自然资源带来无可挽回的伤害。解决生态环境问题，不仅是管理和技术层面的问题，而且是重要的“心灵环保”的问题。外在的环境与人们内心的状态是息息相关的，人与人、人与自然都是相互影响的，一荣俱荣，一损俱损。破坏大自然，与大自然对立，无疑会使人类自取灭亡。

孔子说：“君子有三畏——畏天命，畏大人，畏圣人之言。”要有所敬畏，也要懂得保护自然界就是保护人类自己。工程活动要尊重自然规律，实现人与自然的协同发展。

2. 工程师需要遵循的环境伦理原则

在工程活动中，工程技术人员需要遵循以下4个环境伦理原则。

(1) 尊重原则。一种行为是否正确，取决于它是否体现了尊重自然这一根本态度。

(2) 整体性原则。一种行为是否正确，取决于它是否遵从了环境利益与人类利益相协调这一立场。

(3) 不损害原则。一种行为绝对不能以破坏和污染自然环境为代价。

(4) 补偿原则。一种行为如果对自然环境造成了损害，那么责任人必须对此做出必要的补偿，以恢复自然环境的健康状态。

在具体的工程场景中，如果上述原则的应用出现冲突，可以依据以下两条原则作为评价标准来确定优先级最高的原则。

(1) 整体利益高于局部利益原则。人类的一切活动都应服从自然生态系统的根本利益。

(2) 需要性原则。在权衡人与自然利益的优先次序时，应遵循生存需要高于基本需要、基本需要高于非基本需要的原则。

4.2 信息伦理

信息技术给个人和社会都带来了新的伦理问题。这主要是因为：信息技术对社会发展产生了巨大的推动，从而对现有的社会利益的分配产生了影响。像其他技术（如蒸汽机、电话、无线电通信）一样，信息技术可以被用来推动社会进步，也可以被用来实施犯罪和威胁现有的社会价值观念。

因此，作为信息时代的科技工作者，必须了解新技术的社会伦理风险。技术的迅速变化意味着个人面临的选择也在迅速变化，风险与回报之间的平衡以及对错误行为的理解也会发生变化。而且信息全球化的趋势逐渐加强，信息和网络技术的飞速发展冲击着社会生活的各个领域，改变了人类传统的生活方式和生存状态。它在给人类带来机遇的同时，也衍生出一些可能对社会造成影响的信息伦理问题。因此，提高大众的信息伦理意识，是现代社会的重要责任。

4.2.1 信息伦理原则

信息伦理指涉及信息开发、传播、管理和利用等方面的伦理要求、准则和规约，以及在此基础上形成的新型伦理关系。

任何新技术都是一把双刃剑。信息伦理对每个社会成员的行为规范要求是普遍的，在信息交往自由的同时，每个人都必须承担相应的责任，共同维护信息伦理。

塞文森（Richard W. Severson）在其著作 *The Principles of Information Ethics*（《信息伦理原则》）中提出并倡导 4 个有关信息伦理的基本原则：第一，尊重知识产权；第二，尊重隐私；第三，公平参与；第四，无害。

1. 尊重知识产权原则

【刘某诉 A 公司侵犯著作权纠纷案】

原告：刘某，中国国际广播电台西班牙语部翻译。

被告：某信息技术有限公司（以下简称 A 公司）。

刘某诉称：被告 A 公司开办的网站在未经自己许可的情况下擅自将自己于 1995 年出版的译著《唐·吉诃德》以 3 种版本在网上登载，供人阅读和下载。该行为侵害了自己享有的著作权，故向法院起诉，要求被告立即停止登载上述作品，在 A 公司网站的显要位置和《北京晚报》上公开致歉，赔偿经济损失 10 万元。

A 公司辩称：该公司从未将原告的作品在网上登载，网上确有原告作品的 3

种版本。经过不同的访问路径发现，www.shuku.net、www.cj888.com、www.chenqinmyrice.com 等网站都登载了该作品，A 网站只是与这些网站有链接关系。法律并未规定链接是一种侵权行为，因此，原告的指控没有事实依据和法律依据，应依法驳回其请求。

北京市第二中级人民法院经审理查明：原告刘某在 1995 年发表了译著《唐·吉诃德》。2000 年 10 月，刘某在访问 A 网站时发现，点击该网站首页"文学"栏目下的"小说"→"外国小说@(5064)"→"经典作品(86)"→"唐·吉诃德——〔西班牙〕塞万提斯"→"译本序言"后，可在页面上看到其翻译的作品《唐·吉诃德》。

本院认为：本案争议的焦点是 A 网站对其上述链接行为所产生的结果是否应当承担法律责任。

首先，被告这种链接行为本身是否构成侵权。链接是在互联网上实现快捷的传递和获取各种信息的一种技术手段，是互联网的重要功能。网站的经营者利用这种技术手段，将本网站以及其他网站的信息内容连接在一起，以实现信息资源共享的目的，极大地方便了上网用户。本案被告开办的网站是以提供信息内容为主的网站，它通过设置搜索功能建立与其他网站的链接，使访问其网站的用户可以快捷地搜索并进入其他网站获取信息。本案双方当事人提交的公证文件载明，当显示器上出现"《唐·吉诃德》 〔西班牙〕塞万提斯　刘某译"页面时，该页面的地址栏中并不是被告开办的网站的地址，而是其他网站的地址。这一事实证明，被告提供的只是分类搜索链接服务。被告网站只是利用这种链接技术将用户引导到提供信息内容服务的网站。从直观的表象看，访问者是通过被告开办的网站上网并浏览到信息的，被告是信息提供者；但是从技术角度讲，被告开办的网站仅提供了搜索工具，引导用户利用这个工具到其他网站或网页上浏览相关的信息。此时，这些信息并未存储在被告的服务器上，而是在上网用户自己的计算机内临时生成被链接网站所载信息内容的复制件。因此，被告提供链接服务并不是将原告作品直接上载的复制行为，也不是传播传为。此外，由于互联网上的网站之间具有互联性、开放性，网上的各类信息内容庞杂、数量巨大，要求网络服务商对其链接的全部信息和信息内容是否存在权利上的瑕疵先行做出判断和筛选是不客观的。当网上的信息内容有权利上的瑕疵时，主要应由信息提供者或传播者承担法律责任，仅提供网络技术或设施的服务商一般不应承担赔偿责任。因此，本案被告设置链接的行为不侵害原告的著作权。

其次，原告人明确提出停止链接被侵权的作品后，出链者未积极作为，是否应承担侵权责任。本案原告对 1995 年某出版社出版的译著《唐·吉诃德》享有的著作权应当受到法律保护。未经著作权人许可使用其作品，是对其著作权的侵害。

当得知侵权行为发生或可能发生时,任何与该侵权行为或结果发生关系的人都有义务采取积极的措施防止侵权行为结果扩大。本案原告在发现自己的作品被网站登载后,于2000年10月24日向被告提出侵权指控。被告理应在向原告做出解释的同时积极采取措施,停止与非法上载原告作品的网站链接。但被告却以法律并未规定链接是一种侵权行为为由,继续与上载原告作品的网站维持链接,直到11月30日才停止了链接。应该指出:被告虽难以对其网站链接的信息内容加以控制,但完全有技术能力控制其网站与其他网站或网页的链接。在原告提出被告开办的网站链接的网页登有未经权利人许可登载的作品的指控时,被告有责任及时采取技术措施,停止链接,抑止侵权。但被告在得知原告的权利被侵害后,仍未积极采取措施,致使侵权状态得以延续。这种结果对权利人是不公平的,有悖于民事主体的合法权利不受侵害的法律原则,被告应对其过错承担相应的法律责任。但原告提出被告在其网站和《北京晚报》上公开赔礼道歉并赔偿10万元的请求缺乏合理性。鉴于被告现在已停止了链接,并考虑到被告主观过错程度和行为结果等因素,本院酌定赔礼道歉的方式和赔偿数额。

综上所述,依据《中华人民共和国民法通则》第一百零六条第二款、《中华人民共和国著作权法》第四十五条第(八)项之规定,判决如下。被告A公司于本判决生效后10日内,书面向原告刘某赔礼道歉(内容须经本院核准);逾期不执行,本院将在一家北京发行的报纸上刊登本判决书内容,所需费用由被告承担;被告A公司于本判决生效后10日内赔偿原告刘某人民币3000元。案件受理费3510元,由被告A公司负担2000元(本判决书生效后7日内交纳),由原告刘某负担1510元(已交纳)。

(资料来源:https://www.chinacourt.org/article/detail/2002/11/id/18118.shtml)

知识产权是指创造性智力成果的完成人或商业标志的所有人依法享有的权利的统称。知识产权制度是人类文明发展到一定阶段时形成的人们从静态的角度保护已有知识的制度。

随着网络的迅猛发展和普及,侵犯网络知识产权的案例层出不穷。网络侵权表现在很多方面,例如,在网页、电子公告栏等论坛上随意复制、传播、转载他人的作品,将网络上的他人作品下载并出售,将他人享有版权的作品上传或下载使用,超越授权范围使用共享软件,软件使用期满不注册继续使用,等等。

1) 中国知识产权保护现状

中国从20世纪70年代末起逐渐建立了较完整的知识产权保护法律体系。从1980年6月3日起,中国成为世界知识产权组织的成员。现已形成了有中国特色的社会主义保护知识产权的法律体系。中国保护知识产权的法律制度主要包括以下4方面的内容(图4.1)。

图4.1 中国保护知识产权的法律制度内容

(1) 商标法。

1983年3月实施的《中华人民共和国商标法》及其实施细则中体现的商标注册程序中的申请、审查、注册等诸多方面的原则与国际通行的原则是完全一致的。2019年5月,《中华人民共和国商标法》第4次修正。

(2) 专利法。

1985年4月实施的《中华人民共和国专利法》及其实施细则使中国的知识产权保护范围扩大到对发明创造专利权的保护。为了使中国的专利保护水平进一步向国际标准靠拢,2020年10月,《中华人民共和国专利法》第4次修正。

(3) 著作权法。

《中华人民共和国著作权法》及其实施条例明确了保护文学、艺术和科学作品作者的著作权以及与其相关的权益。依据该法,中国不仅对文字、口述、音乐、戏剧、舞蹈、美术、摄影、电影、电视、录像等形式的作品以及产品设计图纸及其说明、地图、示意图等图形作品给予保护,而且把计算机软件纳入著作权保护范围。

中国是世界上为数不多的明确将计算机软件作为著作权法保护客体的国家之一。国务院在2001年颁布了《计算机软件保护条例》,规定了保护计算机软件的具体实施办法。

(4) 合同法与科学技术进步法。

《中华人民共和国合同法》于1999年10月实施。《中华人民共和国科学技术进步法》于1993年10月实施。

2）计算机软件的知识产权保护

中国计算机软件知识产权主要采用著作权法保护、专利法保护和商业秘密保护3种形式进行多方面保护。

（1）计算机软件的著作权法保护。

1994年，关贸总协定乌拉圭回合签署了《与贸易有关的知识产权协定》(*Agreement on Trade-Related Aspects of Intellectual Property Rights*，*TRIPs*)，将计算机软件列入知识产权保护的范围。2001年，中国加入世界贸易组织，受TRIPs约束。中国国内法提供的对计算机软件的保护不得低于TRIPs规定的标准。

中国著作权法和有关国际公约认为，计算机程序和相关文档程序的源代码和目标代码都是受著作权保护的作品，任何未经授权的使用、复制都是非法的，按规定要受到法律的制裁。《计算机软件保护条例》第二十四条第三款中明确规定不能故意避开或者破坏著作权人为保护其软件著作权而采取的技术措施。该条款明确保护权利所有人的合法权利不受侵害，禁止非法复制等侵犯他人著作权行为。《计算机软件保护条例》规定，根据侵权行为造成的不同情况，侵权人应当承担停止侵害、消除影响、赔礼道歉、赔偿损失等民事责任；情节严重的，还可能依照刑法追究相应的刑事责任。

计算机软件的著作权只保护软件的表达或表现形式，而不保护思想方法及功能等计算机软件的内涵，这为其他软件开发者利用和借鉴已有的软件思想开发新软件提供了方便，有利于软件的创新、优化和发展，同时避免了对计算机软件的过度保护。

（2）计算机软件的专利法保护。

中国专利局公布的《专利审查指南》是针对中国专利审查制度体系的重要补充和规范性文件。对于计算机软件等相关的产品申请专利，《专利审查指南》中设置了非常严格的条件。在1993年修订的《专利审查指南》中，丰富了关于计算机软件方面的内容，并且明确了计算机软件如果需要申请专利权，则必须与硬件设备一体，形成一个整体进行专利的申请。在2006年、2010年修订的《专利审查指南》中都指出：计算机软件必须是“对计算机外部对象或者内部对象进行控制或处理的解决方案”才能被认定为发明创造。可以看出，中国对于计算机软件的专利权申请审核是非常严格的。

在审查计算机软件专利申请的对象客体上，中国也有明确的要求。如果在申请专利时要求保护的仅仅是通用的数据结构、数学概念、理论公式、公共理论算法等内容，则为了防止产品形成垄断，不能通过专利审查。如果申请被保护的客体中存在创造性的劳动成果，例如，利用已知算法为基础创造出新的算法、新的数据结构等,并不是简单的智力活动的方法,则具有专利申请资格。

(3) 计算机软件的商业秘密保护。

中国《关于禁止侵犯商业秘密的若干规定》中指出,作为权利所有人,商业秘密需要能为其争取既得的或者现有的经济利益和市场优势。要使计算机软件成为商业秘密,其所有人必须从主观意愿出发,对其持有的计算机软件程序进行保密,并且采取合理的保护措施,这样才能确保自己的商业秘密的权利得以实现。商业秘密的保护可以适用《中华人民共和国反不正当竞争法》,其中详细定义了侵犯他人商业秘密的行为,例如违约披露或使用、盗窃、胁迫、利诱等。

2. 尊重隐私原则

【美国监狱电话监控服务商 Securus 遭受攻击,大量数据被窃取】

2018 年 5 月,一位匿名黑客从 Securus 公司窃取了大量数据。Securus 公司为监狱囚犯提供电话服务,并且为执法部门提供电话追踪服务。黑客窃取的数据中有 2800 个用户名,还有邮件地址、手机号码、密码、安全提示问题,数据最早可以追溯到 2011 年。

隐私保护是计算机伦理学最早的课题之一。隐私权是指公民享有的私人生活安宁与私人信息依法受到保护,不被他人非法侵扰、知悉、搜集、利用和公开等的人格权。个人隐私包括姓名、出生日期、身份证号码、婚姻、家庭、教育、病历、职业、财务情况、电子邮件地址、个人域名、IP 地址、手机号码以及在各个网站登录所需的用户名和密码等信息。这些数据有一部分是个人信息,更多的是企业或单位用户的业务数据,后者同样是需要保护的对象。

3. 公平参与原则

公平参与原则是指公平地维护所有信息活动参与者的合法权益,以及信息主体间的权利平等。对于专有信息,他人在使用时,除了要取得权利人的同意,还需要向权利人支付一定的费用。在未经权利人许可的情况下擅自使用专有信息,就是违背了公平参与这一原则。

对于公共信息,要注意维护其共有共享性,反对任何强权势力的信息垄断,避免他人受到不应有的损害。每一个人、每一个国家,在同一类别主体的信息地位上,权利是完全平等的。

4. 无害原则

无害原则指信息在开发、传播、使用时,信息活动中的操作者都必须尽量避免对他人造成伤害。

4.2.2 大数据和人工智能时代的信息伦理

1. 大数据和人工智能时代的伦理新问题

【脸书公司数据泄露丑闻】

据美国媒体报道,美国联邦贸易委员会于2019年7月12日批准了该委员会与脸书公司的一项约50亿美元的和解协议。该和解协议已成为美国政府对科技公司开出的最大罚单。

2018年3月,脸书公司卷入数据滥用丑闻。一家名为"剑桥分析"的英国公司被曝以不正当方式获取8700万个脸书用户数据,这是脸书公司创建以来遭遇的规模最大的用户数据泄露事件。

随后,美国联邦贸易委员会对脸书公司展开调查,以了解它是否违反了几年前与该委员会达成的一项有关消费者隐私保护的和解协议。

这场风波初起于2015年。英国剑桥大学学者库甘当时将一次涉及个人性格的问卷调查结果转交给剑桥分析公司。这次问卷调查包含了27万个用户的个人朋友圈和脸书资料。剑桥分析公司为此支付了100万美元酬金,获得了27万个用户的数据以及32种性格分类。

面对用户数据大规模泄露事件,在重压之下,脸书公司首席执行官扎克伯格2018年3月在接受媒体采访时公开道歉。他承认公司在保护用户数据方面犯了错误,并承诺将采取措施应对。他称:"我们有责任保护你们的数据。如果我们不能,就不配为你们服务。我一直在努力了解到底发生了什么,以及如何确保不再发生。脸书犯了错误,但还有更多事情要做,需要加速去做。"

(资料来源:http://finance.sina.com.cn/stock/relnews/us/2019-07-13/doc-ihytcerm3435898.shtml)

从上述案例可以看到,大数据和人工智能时代面临一些新的伦理问题。

人工智能是研究、开发用于模拟、延伸和扩展人的智能的理论、方法、技术及应用系统的一门新的技术科学。大数据能够帮助各行各业的企业从海量数据中挖掘出用户的需求,使数据产生价值。大数据的积累为人工智能提供了基础支撑。在未来二三十年,人类社会将进入智能社会。智能社会有3个特征:万物感知、万物互联、万物智能。

人工智能的"大脑"是算法。算法具有不透明性和不可预见性,因此,人们在享受大数据和人工智能时代带来的科技成果和生活便利的同时,也面临一些让人担忧的问题。

1）安全问题

例如，2015 年，德国大众汽车制造厂发生机器人袭击工作人员事件；2016 年，谷歌无人驾驶汽车与大巴车碰撞。假如机器人成为武器，人类应该如何应对？

2）隐私和数据保护问题

人类隐私可能暴露在人工智能之下。互联网的便利使第三方能轻易地获取各种数据；数据挖掘和机器学习又能进一步推断出更多的信息，例如，推断出某个人的个人习惯和偏好，通过关联分析得知某个人的位置、社会关系等。

在信息社会中，无论个人还是企业、机构，都存在一些敏感数据。这些数据如果未得到有效保护，将影响无数人的利益，并且还有可能对企业、机构甚至国家造成不可估量的损失。

近年来，一系列国际数据保护法规相继出台，例如欧洲《通用数据保护条例》、美国《加利福尼亚州消费者隐私法案》和新加坡《个人资料保护法案》等。

在互联互通的全球数字经济背景下，数据是企业最重要的战略资产。只有提高对数据价值的认识，对数据存储、使用和管理的方式予以高度重视并将其置于企业战略的核心，同时建立有效的数据保护策略，才能保障企业安全。

3）社会贫富不均的问题

有研究机构预测：未来 10～15 年，将有 40%～50%的岗位被人工智能取代。那么，这些岗位的人是否将会面临收入下降甚至失业的困境，造成社会贫富不均等问题呢？

2. 大数据和人工智能时代工程师的伦理责任

针对大数据和人工智能时代的上述问题，IT 工程师的伦理责任就是确保大数据和人工智能造福于人类，成为改善人类生活的向善力量。IT 工程师的伦理责任具体表现在以下 5 方面。

1）尊重个人自由

尊重个人自由表现为遵守隐私伦理规范。

2）强化技术保护

通过不断提高信息系统安全性能，部署防火墙、入侵检测系统、防病毒系统、认证系统，采取访问过滤、动态密码保护、登录限制、网络攻击追踪等技术手段，确保信息系统得到更加稳妥的安全保护。

3）建立严格的操作规程

制定严格的数据管理和追责制度，包括数据获取、清洗、存储、传输、分享、交易、关联分析等环节的权限管理和访问日志，规范所有能接触到数据和算法的人员的操作行为,同时对于重要和关键数据建立多重访问控制规则。

4）加强行业自律

应努力培育和强化行业的自律机制,发挥行业自律的灵活性和专业化优势,以弥补法律法规的滞后性。

5）承担社会责任

IT 工程师应承担建设安全、可信、平等、惠民的大数据社会的责任。

2017 年,IEEE 发布了《人工智能设计的伦理准则》(*Ethically Aligned Design*)白皮书第二版。

该白皮书指出,应合乎伦理地设计、开发和应用人工智能技术,应遵循以下一般原则:

(1) 人权。确保这些技术不侵犯国际公认的人权。

(2) 福祉。在这些技术的设计和使用中优先考虑人类福祉的指标。

(3) 问责。确保这些技术的设计者和操作者负责任且可问责。

(4) 透明。确保这些技术以透明的方式运行。

(5) 慎用。将滥用这些技术的风险降到最低。

4.3 以道驭术——IT 工程师的道德修养

"钱学森之问"与"钱理群之忧"都一针见血地指出了"培养什么人的问题是教育的首要问题"。蔡元培说:"教育者,养成人格之事业也。使仅仅为灌注知识、练习技能之作用,而不贯之以理想,则是机械之教育,非所以施于人类也。"强调教育的本质是培养健全的人,是古今中外先贤的通识教育思想精要所在。

原则与规范可以约束人们的行为,明确行为的边界;而道德规范激发的是人们内在的自律。

以道驭术就是以"道"制约"术"的发展,使"术"的发展合乎"度"的要求。它的内在根据是技术的善恶二重性。作为 IT 工程师,应该做到"术""道"结合,以"术"入"道",以"道"驭"术"。

4.3.1 IT 工程师的责任

【奔腾微处理器芯片风波】

1994 年,英特尔(Intel)公司奔腾微处理器芯片的一个浮点运算缺陷被人公之于众。英特尔公司为此付出了4亿多美元的代价。大家知道，表达式 $X-(X/Y)Y$ 的结果应该是0，但当用奔腾微处理器计算 $4195835-(4195835/3145727)\times3145727$ 时，结果不是0而是256。据分析，这一缺陷源自芯片内的浮点运算器。在计算机中，所有的数字都必须表示成二进制，而奔腾微处理器的浮点运算器将数字表示成二进制时，在个别情况下会出现计算结果的错误。这个缺陷最初是由一位数学教授在论证一项数学理论时发现的。专家估计，至少有1738对数字在做除法运算时会出现这类错误。

事发后，英特尔公司始终坚持认为，新闻媒体和某些消费者夸大了奔腾微处理器的缺陷。由此缺陷而导致的计算误差对普通用户来说2.7万年才会遇到一次。美国各大新闻媒体和计算机用户纷纷指责英特尔公司企图掩盖已被发现的问题，这种做法大大影响了消费者对英特尔公司的信任。

后来，在多方压力下，英特尔公司表示将根据用户的要求，为他们更换新版的无瑕疵的奔腾微处理器。这项规定对奔腾系统用户终生有效。

1. 对社会的责任

工程师要始终坚持对公众和未来负责的态度，决不能利用其所掌握的科学技术知识违反人类道德规范。信息技术为人类精神物质文明的进步做出了巨大的贡献。然而，随之而来的盗版侵权、人肉搜索、网络谣言等社会伦理问题给经济、政治、文化的发展和社会稳定带来了严重威胁。工程师应注重社会整体利益，担负起信息网络健康发展的重要使命。

【华夏银行的“内鬼”】

华夏银行原科技开发中心经理覃某，在华夏银行总行核心系统内植入计算机病毒程序，使跨行ATM取款交易不能计入账户。覃某通过其掌握的华夏银行卡多次在ATM上跨行取款，从2016年11月11日起，总共发生了1358笔跨行ATM取款交易未入账，金额合计717.9万元。

依照《中华人民共和国刑法》规定，覃某因盗窃罪被判处有期徒刑10年6个月，并处罚金11 000元，剥夺政治权利2年。

(资料来源：https://www.sohu.com/a/293078562_99981592)

工程师要掌握技术，更要善用技术！

工程师应该将公众的安全健康和福祉放在首位。工程师是社会的一分子，其最重要的伦理责任就是对社会负责。工程伦理要求工程师在公司利益与公众利益发生冲突时服从公众利益。

工程师对社会的责任主要包括以下几方面：

(1) 预测工程或产品对公众的影响。

(2) 担负起保护自然环境、生态系统和维护人与自然和谐发展的责任。

(3) 造福于人类,增进社会福祉。

(4) 将工程或产品的负面作用和安全隐患告知公众。

(5) 担负起一定的科普责任,这也是社会责任的一部分。

2. 对专业的责任

在工程技术活动中,工程师是设计者、实施者、管理者和协调者。工程师必须具有其所从事专业的工程技术知识和能力,胜任其所从事的工作。

工程师要有追求真理、实事求是的精神。凡是自己参与的工程,对其设计和建设均应认真对待,杜绝工程失误,并自觉承担相应责任和后果。要有良好的职业道德,在其职责范围内,不允许将个人的好恶、偏见、恩怨、私利等因素掺杂到工作中。在工程实施的全过程中必须尊重和保护知识产权,尊重和保护公司、雇主、客户的隐私和商业机密,对计算机系统可能受到的冲击进行正确的评价和预测。

【"珊瑚虫"侵权案】

陈某对腾讯正版QQ软件进行了侵权,并将改动后名为"珊瑚虫"QQ的软件放置于互联网上供他人下载,以牟取巨额利益,严重侵犯了腾讯公司的著作权。2008年,陈某因侵犯著作权罪被判处有期徒刑3年,并处罚金120万元,对陈某违法所得总计117.28万元予以追缴。

3. 对雇主的责任

工程师要对其所服务的机构、公司负责。例如,工程师设计招标合同方案时,应全面考虑性价比、进度等因素。

工程师对雇主的责任主要包括以下几方面:

(1) 对雇主忠诚,维护雇主合法利益,尽心尽职做好工作。

(2) 不能不顾公司价值取向,凭借专业优势任意作为。

(3) 在团队合作中,不能越权,也不能渎职。

(4) 保守公司商业机密。

(5) 不做有损公司利益和公司形象的事。

4.3.2 与信息技术有关的犯罪问题

随着信息技术的发展,也出现了以往没有的犯罪形式。

1. 爬虫

【被捕的爬虫开发者】

自2019年9月以来，多家知名公司相关人员被拘留或被调查，这些机构均涉及大数据风控业务和爬虫技术的应用。由此，大数据业务的合规合法问题以及爬虫技术的合理应用问题引起了大数据和金融科技行业的特别重视。

×公司是某快递公司的分包服务商，可以登录这家快递公司的后台查询快递信息。×公司的一名员工自行开发了一个爬虫软件，利用这家快递公司给的密码登录后台系统，抓取了后台25万条用户信息。这个案件被发现后，开发爬虫软件的员工被确定为主犯，公司法人被确定为从犯。公司法人代表没有参与这件事，不是第一责任人，但仍然是责任干系方。主犯按3～7年量刑，从犯按1～2年量刑。

网络爬虫是互联网时代被普遍运用的一项网络信息搜集技术。该项技术最早应用于搜索引擎领域，是搜索引擎获取数据来源的支撑性技术之一。它包含3个步骤：信息采集、信息存储和信息提取。爬虫作为一种计算机技术，从理论上来说具有技术中立性，在法律上也从未被禁止。但是，爬虫技术应用不当，可能会涉及如下3个罪名：侵犯公民个人信息罪、非法获取计算机信息系统数据罪和非法侵入计算机信息系统罪。

1）侵犯公民个人信息罪

公民个人信息是指以电子或者其他方式记录的，能够单独或者与其他信息结合识别特定自然人身份或者反映特定自然人活动情况的各种信息，包括姓名、身份证号码、联系方式、住址、账号密码、财产状况、行踪轨迹等。

利用爬虫技术收集公民个人信息数据，应当获得被收集人的同意，尤其是在数据中包含身份证号码、信用信息等敏感数据的情况下，还需要获得明示同意。同时，利用网络漏洞非法下载或从第三方非法购买公民个人信息都属于非法行为。

非法获取、出售或者提供行踪轨迹信息、通信内容、征信信息、财产信息50条以上，非法获取、出售或者提供住宿信息、通信记录、健康生理信息、交易信息等其他可能影响人身、财产安全的公民个人信息500条以上，非法获取、出售或者提供上述规定以外的公民个人信息5000条以上，都属于情节严重。

《中华人民共和国刑法》第二百五十三条关于"侵犯公民个人信息罪"规定：

违反国家有关规定，向他人出售或者提供公民个人信息，情节严重的，处三年以下有期徒刑或者拘役，并处或者单处罚金；情节特别严重的，处三年以上七年以下有期徒刑，并处罚金。

对于在履行职责或者提供服务过程中获得的公民个人信息，出售或者提供给他人的，依照前款的规定从重处罚。

窃取或者以其他方法非法获取公民个人信息的，依照第一款的规定处罚。

单位犯前三款罪的，对单位判处罚金，并对其直接负责的主管人员和其他直接责任人员，依照该款的规定处罚。

因此，利用爬虫技术获取公民个人信息的，应该严格遵守相关法律、行政法规、部门规章的规定，否则极易落入非法获取公民个人信息的法律风险范畴。

此外，关于在公民个人信息已合法公开的情况下，利用爬虫技术对其进行抓取是否构成非法获取这一问题，暂时没有明确答案，但《民法典人格权编》(草案三次审议稿)第八百一十六条规定：行为人收集、处理自然人自行公开的或者其他已经合法公开的信息不承担民事责任，但是该自然人明确拒绝或者处理该信息侵害其重大利益的除外。从立法走向上判断，收集已合法公开的个人信息应不属于违法，但在立法尚不完善的阶段，仍建议谨慎使用爬虫技术抓取公开的个人信息。

2) 非法获取计算机信息系统数据罪

任何组织或个人不得危害计算机信息系统安全，不得破坏计算机及其相关的配套的设备、设施(含网络)安全，破坏其运行环境安全、信息安全，影响其功能正常发挥。因此，企业若在爬取数据时存在危害计算机信息系统安全的行为，包括破解被爬取的企业的防爬取措施、加密算法、技术保护措施等，则很有可能被认定为“侵入或以其他技术手段获取计算机信息系统数据”。

获取支付结算、证券交易、期货交易等网络金融服务的身份认证信息 10 组以上，或获取其他的身份认证信息 500 组以上的，均属于情节严重。

《中华人民共和国刑法》第二百八十五条规定：

违反国家规定，侵入国家事务、国防建设、尖端科学技术领域的计算机信息系统的，处三年以下有期徒刑或者拘役。(该条针对非法侵入计算机信息系统罪。)

违反国家规定，侵入前款规定以外的计算机信息系统或者采用其他技术手段，获取该计算机信息系统中存储、处理或者传输的数据，或者对该计算机信息系统实施非法控制，情节严重的，处三年以下有期徒刑或者拘役，并处或者单处罚金；情节特别严重的，处三年以上七年以下有期徒刑，并处罚金。(该条针对非法获取计算机信息系统数据罪和非法控制计算机信息系统罪。)

提供专门用于侵入、非法控制计算机信息系统的程序、工具，或者明知他人实施侵入、非法控制计算机信息系统的违法犯罪行为，而为其提供程序、工具，情节严重的，依照前款的规定处罚。(该条针对提供侵入、非法控制计算机信息系统程序、工具罪。)

单位犯前三款罪的，对单位判处罚金，并对其直接负责的主管人员和其他直接责任人员依照该款的规定处罚。

因此，严格禁止通过技术手段绕过服务器的访问限制，或破解被爬取的网站为保护数据而采取的加密算法及技术保护措施，从而对被爬取的网站受保护的计算机信息系统中的数据进行爬取。

若被爬取的网站设定了获取数据信息的措施(包括实名认证、账号密码、内部权限等)，利用爬虫技术获取信息的企业应避免通过伪造实名认证或窃取账号密码、内部权限的形式获取数据。应避免或谨慎抓取身份认证信息。

3) 非法侵入计算机信息系统罪

(1) 提供数据信息的网站为国家事务、国防建设、尖端科学技术领域的计算机信息系统。例如，国家企业信用信息公示系统、中国裁判文书网、中国执行信息公开网以及各地政府网站等，都属于国家事务网站的法律范畴。

(2) 对计算机信息系统具有侵入行为。只要有侵入行为，而不论侵入行为的结果。目前司法解释未对“侵入”进行具体的定义。一般法院在认定上主要有两种方式：一是以非法手段登录网站，获取原本不该有权限获取的数据信息；二是将恶意程序、非法文件等发送至网站，对网站的正常运行产生影响。

目前对大数据公司，特别是大数据风控企业来说，获取中国裁判文书网和中国执行信息公开网的数据非常普遍且重要，但爬取这类国家事务网站的信息时应当尤为审慎，特别是在网站已采取相关反爬取措施的情况下，仍强行恶意攻破防护措施爬取数据，对网站运行造成影响的，均可能构成本罪。

除上述法律风险以外，利用爬虫技术手段还可能产生构成不正当竞争、侵犯信息网络传播权等法律风险。

(3) 相关法规依据如下：《中华人民共和国网络安全法》第四十一条、第四十二条；《最高人民法院、最高人民检察院关于办理侵犯公民个人信息刑事案件适用法律若干问题的解释》第一条、第三条、第四条、第五条；《信息安全技术 个人信息安全规范》3.6、5.1、5.3、5.5；《中华人民共和国刑法》第二百五十三条、第二百八十五条；《最高人民法院、最高人民检察院关于办理危害计算机信息系统安全刑事案件应用法律若干问题的解释》第一条；《计算机信息系统安全保护条例》第三条、第七条。

(资料来源：https://bbs.csdn.net/topics/395182202?list=lz)

2. 网站的开发

《最高人民法院、最高人民检察院、公安部关于办理网络赌博犯罪案件适用法律若干问题的意见》中关于网上开设赌场共同犯罪的认定和处罚规定：

明知是赌博网站，而为其提供下列服务或者帮助的，属于开设赌场罪的共同犯罪,依照刑法第三百零三条第二款的规定处罚。

(1) 为赌博网站提供互联网接入、服务器托管、网络存储空间、通信传输通道、投放广告、发展会员、软件开发、技术支持等服务,收取服务费数额在2万元以上的。

(2) 为赌博网站提供资金支付结算服务,收取服务费数额在1万元以上或者帮助收取赌资20万元以上的。

(3) 为10个以上赌博网站投放与网址、赔率等信息有关的广告或者为赌博网站投放广告累计100条以上的。

IT工程师对于所有和黄、赌、毒有关的软件开发都不要参与。明知是违法或者可能违法的行为,而为其提供技术支持,都是有可能触犯法律的。

3. 外挂

【开发游戏外挂软件的博士生】

2019年,北京某公司到扬州广陵公安分局网络安全保卫大队报案称,从2016年6月以来,该公司发现大量游戏用户在某游戏中使用了一款名为“冰焰”的游戏外挂软件。这款游戏外挂软件具有自动打怪、自动刷副本、自动与其他游戏玩家PK等功能。

该公司表示,这款游戏外挂软件导致该公司大量在线用户迅速流失,给该公司造成了巨大损失。开发这款游戏外挂软件的博士生申某因犯侵入、非法控制计算机信息系统程序罪被判处有期徒刑一年,缓刑一年,并处罚金两万元。

(资料来源:https://www.sohu.com/a/405423612_115362?_trans_=000014_bdss_dk5gfh)

游戏外挂软件是指利用计算机技术针对一个或多个网络游戏,通过改变其部分程序制作而成的作弊程序。制作、贩卖游戏外挂软件也是受我国司法机关打击的行为。根据游戏外挂软件的类型以及使用方式等的不同,开发者可能触犯非法经营罪、破坏计算机信息系统罪以及侵犯著作权罪等。

1) 非法经营罪

游戏外挂软件等违法行为的出现,严重侵害了游戏开发者、运营商以及正常消费者的合法权益,扰乱了互联网游戏经营的正常秩序,破坏了网络游戏产业的良性发展。对于违反国家规定,情节严重的,应按《中华人民共和国刑法》第二百二十五条第四款的规定处罚。

根据《中华人民共和国刑法》第二百二十五条,对于违反国家规定,有下列非法经营行为之一,扰乱市场秩序,情节严重的,处五年以下有期徒刑或者拘役,并处或者单处违法所得一倍以上五倍以下罚金;情节特别严重的,处五年以上有期徒刑,并处违法所得一倍以上五倍以下罚金或者没收财产。

(1) 未经许可经营法律、行政法规规定的专营、专卖物品或者其他限制买卖的物品的。

(2) 买卖进出口许可证、进出口原产地证明以及其他法律、行政法规规定的经营许可证或者批准文件的。

(3) 未经国家有关主管部门批准非法经营证券、期货、保险业务的,或者非法从事资金支付结算业务的。

(4) 其他严重扰乱市场秩序的非法经营行为。

2) 破坏计算机信息系统罪

有些游戏外挂软件会修改网络游戏运行数据,干扰网络游戏服务端计算机信息系统功能,危害计算机信息系统安全,符合破坏计算机信息系统罪的犯罪构成要件。

根据《中华人民共和国刑法》第二百八十六条,对于违反国家规定,对计算机信息系统功能进行删除、修改、增加、干扰,造成计算机信息系统不能正常运行,后果严重的,处五年以下有期徒刑或者拘役;后果特别严重的,处五年以上有期徒刑。

3) 侵犯著作权罪

还有些开发者通过非法手段获取他人享有著作权的计算机软件中的核心程序文件,制作游戏外挂软件后用以牟利。这种游戏外挂软件虽然与官方客户端程序并不完全一致,但主体结构、功能构成实质性相同,故其开发者的行为构成非法复制计算机软件的行为,应以侵犯著作权罪定罪处罚。

根据《中华人民共和国刑法》第二百一十七条,对于以营利为目的,有下列侵犯著作权情形之一,违法所得数额较大或者有其他严重情节的,处三年以下有期徒刑或者拘役,并处或者单处罚金;违法所得数额巨大或者具有其他特别严重情节的,处三年以上七年以下有期徒刑,并处罚金。

(1) 未经著作权人许可,复制发行其文字作品、音乐、电影、电视、录像作品、计算机软件及其他作品的。

(2) 出版他人享有专有出版权的图书的。

(3) 未经录音录像制作者许可,复制发行其制作的录音录像的。

(4) 制作、出售假冒他人署名的美术作品的。

根据《中华人民共和国刑法》第二百一十八条,对于以营利为目的,销售明知是本法第二百一十七条规定的侵权复制品,违法所得数额巨大的,处三年以下有期徒刑或者拘役,并处或者单处罚金。

4. 黑客

互联网的出现和飞速发展给黑客活动提供了广阔的空间,使之能够对世界上许多国家的计算机网络连续不断地发动攻击。非法入侵、窃取信息、破坏数据、恶意攻击、制造和传播计算机病毒等成为威胁信息系统安全的主要问题。随着国际形势的变化,黑客越来越热衷于入侵国防部门、安全部门等机构的网站,刺探和窃取各种保密信息,从而给国家的安全造成巨大损失。

5. 提高认识,遵守信息伦理道德规范

作为IT工程师,必须从法律和道德层面提高认识。

《中华人民共和国刑法》对计算机犯罪的界定包括:违反国家规定,侵入国家事务、国防建设、尖端科学技术领域的计算机信息系统的;违反国家规定,对计算机信息系统功能进行删除、修改、增加、干扰,造成计算机信息系统不能正常运行的;违反国家规定,对计算机信息系统中存储、处理或者传输的数据和应用程序进行删除、修改、增加的操作,后果严重的;故意制作、传播计算机病毒等破坏性程序,影响计算机系统正常运行的。

德国哲学家康德曾说:“道德责任是以自觉自愿地承担为最高境界的。”

马克思曾说:“道德的基础是人类精神的自律。”把信息伦理内化为人类内在自律的德行,是道德教育发挥调控功能的必由之路。

信息社会中的每个成员都应当遵守信息伦理道德规范。良好的信息伦理道德环境是信息社会进步和发展的前提条件。信息伦理道德的兴起与发展源于信息技术的广泛应用所引起的利益冲突和道德困境以及建立信息社会新的伦理道德秩序的需要。

信息伦理作为规范信息活动的重要手段,具有信息法律所无法替代的作用。在世界上许多国家和地区,除了制定相应的信息法律外,还通过非政府组织制定信息活动规则,用伦理规约来补充法律的不足。

美国计算机协会的信息伦理准则主要包括保护知识产权、尊重个人隐私、保护信息使用者机密、了解计算机系统可能受到的冲击并能进行正确的评价等内容。

全球许多国家和地区除了建立健全的信息法律作为行为准则外,各个信息行业的组织都制定了自己的伦理规范,对信息伦理的完善起到了很好的推动作用。

IEEE提出的伦理规范如下:

(1) 秉持符合大众安全、健康与福祉的原则,承担工程决策的责任,并且立即揭露可能危害大众或环境的因素。

(2) 避免任何实际或已察觉(无论何时发生)的可能利益冲突,并告知可能受影响的团体。

(3) 根据可取得的资料,诚实并确实地陈述声明或评估。

(4) 拒绝任何形式的贿赂。

(5) 改善对于科技的了解、适当的应用及潜在的结果。

(6) 维持并改善技术能力。只在经由训练或依经验取得资格或相关限制完全解除后,才承担技术性任务。

(7) 寻求、接受并提出对于技术性工作的诚实批评,了解并更正错误,适时对他人的贡献给予赞赏。

(8) 公平地对待所有人,不分种族、宗教、性别、年龄与国籍。

(9) 避免因错误或恶意行为而伤害他人及其财产、声誉或职业。

(10) 协助同事及工作伙伴在专业上发展,并支持他们遵守本伦理规范。

4.3.3 IT 工程师的职业道德修养

《左传》有言:“太上有立德,其次有立功,其次有立言,虽久不废,此之谓不朽。”中国古代知识分子的人生目标是三立——立德、立功、立言。其中,立德指做人,立功指做事,立言指做学问。古人的态度很明确:首先是做人,其次是做事,最后才是做学问。

1. 诚实可靠

IT 工程师应当自觉地寻求和坚持真理,避免不诚实的行为。各个国家与工程相关的职业伦理规范都对工程师提出了诚实可靠的要求。

孔子曰:“自古皆有死,民无信不立。”孟子曰:“车无辕而不行,人无信则不立。”可见,先贤早在两千多年前就告诫后人,只有诚信才是人立足于社会的根本。诚信做人是每个人的基本道德准则。

【被辞退的处士】

唐代小说《玉泉子》中有这样一个故事:吕元膺任东都留守时,有一次正和一位处士下棋,突然接到了上级下达的公文,吕元膺只好暂时离开棋盘去批阅公文。这时,那位处士趁机偷偷挪动了一个棋子,以此胜了吕元膺。其实吕元膺在批阅公文归来后已经发现棋子被挪动了,但是他没有当面揭穿。第二天,吕元膺便辞退了那位处士,请他到别处去谋生。周围的人都不明白为什么,就连那位处士自己也不清楚为什么被辞退。

辞退那位处士这件小事体现了吕元膺的智慧。他能够见微知著,从这位处士

“小动作”中发现他的大问题。那位处士为了一己私利跨越了道德底线，降低了自己的人格。小中可以见大。

“人无信不立。”诚信是人立身处世的基点。“德不孤，必有邻。”“人而无信，不知其可也。”(《论语》)“信不足焉，有不信焉。”(《道德经》)“是故君子有大道：必忠信以得之，骄泰以失之。”(《大学》)“以诚为怀，以信为本，以诚待人，至诚通天，诚信为君子之道也。”(《孟子》)“诚者，天之道也；诚之者，人之道也”(《礼记》)。

2. 尽职尽责

尽职尽责是工程伦理的核心，具体体现在公众福利、职业能力、合作实践等方面。

3. 忠诚服务

只有忠诚服务，才能在自己的职业生涯中始终保持尽职尽责的态度；才能认真对待自己工作，把职业作为自己的终身事业，以履行职责为己任。

忠诚地为公众、雇主和客户服务，是当代工程师职业伦理规范的基本准则。

4. 慎独

朱熹对“慎独”的解释为：“君子慎其独，非特显明之处是如此；虽至微至隐，人所不知之地，亦常慎之。小处如此，大处亦如此；明显处如此，隐微处亦如此。表里内外，粗精隐现，无不慎之。”

慎独原则强调，在一人独处时，内心仍然要坚持道德信念，一丝不苟地按照道德规范做事。

《礼记·中庸》中说：“君子戒慎乎其所不睹，恐惧乎其所不闻。莫见乎隐，莫显乎微，故君子慎其独也。”

晚清名臣曾国藩的遗嘱中第一条就是“慎独”。他说：“慎独则心安。自修之道，莫难于养心，养心之难，又在慎独。能慎独，则内省不疚，可以对天地质鬼神。人无一内愧之事，则天君泰然，守身之先务也。”康熙帝将“慎独”概括为“暗室不欺”。林则徐在居所悬挂一块醒目的横额，上书“慎独”二字，以警醒、勉励自己。

慎独是君子自律的最高境界。

慎独，本质上就是《大学》中所说的“诚其心，正其意”，是对自我人格的尊重。

5. 以道驭术

有人评价诸葛亮“尽其智术而全道义，竭其忠心而事蜀汉”，是道与术、德与才的完美结合。

术合于道，相得益彰。君子有道，而小人有术；君子以道经世，而小人以术害人;君子以道而杀身成仁,小人以术而害人利己。

当今的各项计算机技术日新月异、千变万化,法律很难涵盖所有行为,甚至人们也很难确定某些行为是否合乎伦理道德规范。

以道驭术,则无往不胜;以术驭道,则处处碰壁。只有将人和技术完美结合,才可发挥出技术的价值。如果想真正提高职业素养,首先得考虑如何能让自己所从事的事业更符合道,并坚守道,而不是仅专注于术。

荀子说过:"修道而不贰,则天不能祸。"这启示我们要用中国传统文化为现代高速发展的计算机技术铺设一条伦理大道,使人们能够以道驭术,有道有术,才能以道为本,以术为用,相辅相成,实现人和技术的完美结合,从而有效地维护信息领域的正常秩序,促进信息社会沿着和谐的方向发展。

4.4 IT工程师的其他核心素养

4.4.1 目标、时间管理和工作方法

1. 目标

【耶鲁大学的调查】

1953年,美国耶鲁大学针对应届毕业生进行了一项有关目标的调查。调查问卷中有两个问题:"你们有目标吗?""如果你们有目标,那么,你们是可不可以把它写下来呢?"调查结果表明:只有10%的学生有目标,4%的学生清楚地写出自己的目标。20年后,研究人员追访当年参与调查的学生。他们惊奇地发现,当年写下人生目标的那些学生,无论是事业发展还是生活水平,都远远超过了另外那些没有写下目标的同龄人。

这项研究表明设定目标的重要性。设定目标能够使人们清楚努力的方向,了解每一个阶段要达到的程度,并能督促自己有效分配和利用时间。

可以按照以下步骤进行目标设定:

(1) 拟出期望达到的有效的具体目标。

(2) 列出所有达到目标的好处。

(3) 列出达到目标过程中可能的障碍。

(4) 列出达到目标需要的条件,如知识、技能、协助等。

(5) 列出寻求支持的对象。一般很难靠自己达到目标,所以应将寻求支持或

合作的对象一并列出。

(6) 订定具体的行动计划。

以上步骤既适合短期目标也适合长期目标,因为长期目标是由短期目标组成的。目标如同灯塔(图4.2),方向和定位很重要。人生的旅程中需要有盏不灭的灯塔指引行动的方向,前行之路才不致迷茫和偏航。对未来有想法、有目标并且努力实践的人会比没有目标的人过得充实,也会更加懂得时间的可贵,进而会脚踏实地、持之以恒、心无旁骛做好自己该做的事,因此也就最容易达到目标。

图4.2 目标如同灯塔

2. 时间管理

时间对每个人都是公平的。有的人之所以觉得时间不够用,往往不是真的因为没时间,而只是效率低。

时间观念是否强,是否珍惜时间,这种意识由人生观和价值观决定。有了意识,才能积极主动地进行时间管理,对时间进行统筹规划。

1) 甘特图

1910年,亨利·劳伦斯·甘特设计了甘特图,以表示特定项目的顺序与持续时间。其中,横轴表示时间,纵轴表示项目,线条表示计划和实际完成情况。甘特图可以直观地表明计划何时进行,进展与要求的对比,便于管理者弄清项目的剩余任务,评估工作进度。

2) 关键路径法

关键路径法是一种提高工作效率的有效方法。它可以找出关键路径及其时间长度,以确定项目的完成日期与总工期。

3) 四象限法

美国管理学家科维提出了一个时间管理理论:把工作按照重要和紧急程度为4个象限:重要且紧急、重要但不紧急、紧急但不重要、既不重要也不紧急。

对于重要且紧急的事情,要在第一时间处理。

对于重要但不紧急的事情,要在处理重要且紧急的事情之后马上处理,并注意避免它们变成重要且紧急的事情。

对于紧急但不重要的事情,首先要想办法把它们变成既不重要也不紧急的事情。如果不能改变,就想办法找人分担。

对于既不重要也不紧急的事情,可以不做。

3. 工作方法

以下是形成良好的工作方法的基本原则。

(1) 养成每天做计划、凡事讲究条理的习惯,使工作和生活井然有序。

每天都有一个时间计划,将事情按轻重缓急的顺序排好,首先完成重要且紧急的事情,其次是重要但不紧急的事情,最后才是其他事情。另外,不要把时间浪费在无意义的事情上面。做事讲条理的人拥有较高的效率,否则将导致手忙脚乱、筋疲力尽、事倍功半的结果。要掌握良好的做事方法,好的方法可以提高效率。在做事情的时候应当在实践中学习和总结经验,选择最优的方法。

(2) 利用好零碎时间和业余时间,让生命升值。

爱因斯坦说:"业余时间产生人才,也产生懒汉、酒鬼、牌迷、赌徒,由此不仅使工作业绩有别,也区分出高低优劣的人生境界。"

人一天的零碎时间是很多的,例如排队等待的时候。不要忽视零碎时间,积少成多是很可观的。

(3) 对复杂的工作分而治之。

孙子曰:"凡治众如治寡,分数是也。"可以将一个难以直接解决的大问题划分成一些规模较小的子问题,然后各个击破。

(4) 尝试用新的方法快速解决问题。

生活和工作都需要智慧,要想提高做事的效率,就要敢于打破常规,敢于尝试新方法。

【牛大爷买菜】

牛大爷到菜市场买菜。他挑了3个西红柿放到秤盘上。摊主称了下说:"一斤半,3块7。"牛大爷说:"做汤不用那么多。"牛大爷拿掉了最大的西红柿。摊主称了一下又说:"一斤二两,3块。"正当身边人想提醒牛大爷注意秤时,牛大爷从容地掏出了7角钱,拿起刚刚拿掉的那个大的西红柿,潇洒地走开了。

4.4.2 沟通能力

1. 运用同理心与人沟通

IT工程师在工作中会经常与客户、同事和上级沟通，沟通能力是IT工程师的必备素质。

【秀才买柴】

古时候，有个秀才去买柴。他对卖柴人说："荷薪者过来！"卖柴人听不懂"荷薪者"(担柴的人)是什么意思，但是听得懂"过来"两个字，于是就把柴担到秀才前面。秀才问他："其价如何?"卖柴人听不太懂这句话，但是听得懂"价"这个字，于是就告诉秀才价钱。秀才接着说："外实而内虚，烟多而焰少，请损之。"卖柴人听不懂秀才这句话的意思，就只好担着柴走了。

这个例子告诉人们：在沟通时，对于说话的对象和时机要有所考虑，需要具备同理心和换位思考的能力。

孔子说："不患人之不己知，患不知人也。"意思是不要担心别人不了解自己，而要担心自己不了解别人。通过换位思考能够发现自己的不足之处，进而进行自我完善。

美国著名程序员、风险投资家和作家保罗·格雷厄姆(Paul Graham)曾在《黑客与画家》一书中写道："判断一个程序员是否具备换位思考的能力有一个好方法，那就是看他怎样向没有技术背景的人解释技术问题。"

换位思考是一种常用的沟通技巧。将心比心、设身处地站在对方的立场考虑问题，是相互理解不可或缺的心理机制。通过换位思考理解别人，会给对方带来好感，对方会感受到自己被尊重，从而愿意与你进行更多的沟通与交流。

"蹲下身来看看孩子的世界"也是一种典型的换位思考方式。汽车大王亨利·福特(Henry Ford，1863—1947)说："假如有什么成功的秘密的话，就是要学会换位思考，了解别人的态度和观点。因为这样不仅能更好地与对方进行沟通，而且可以更清楚地了解对方的思维轨迹，从而有的放矢、击中要害。"沟通不是为了说服对方，而是为了理解对方。真正用心理解对方，同样也能得到对方的理解。

因此，换位思考是一种豁达、一种理解、一种尊重，也是一种激励，更是一种智慧。

2. 沟通的风格

沟通并不一定使用语言，人和人相处的一言一行都是在沟通。人们的眼神、姿态、行为、语气、语调都在传递不同的信息和产生不同的气场。语言也需要精心设计，不要用过于直白的方式强硬地向用户灌输理念，而要灵活变通，润物细无声。

沟通不仅要准确地传达信息，还要传递情感，达成心理、感受、感觉方面的多维度交流。

4.4.3 执行力

【给猫挂铃铛】

有一群老鼠在一起研究怎么应对猫无声无息的突然袭击。这时有一只老鼠提议："咱们给猫的脖子上挂一只铃铛吧。这样，猫来的时候铃铛就会响，咱们就可以早作防范，再也不用怕这只凶残的恶猫了。"老鼠们听了齐声叫好，这时又有一只老鼠问道："谁去给猫挂铃铛呢？怎么才能挂得上呢？"顿时全体老鼠都陷入了沉默。

这个案例的启示是：科学、合理的战略部署是执行的前提。

【忙碌的农夫】

从前，有一位农夫，一大早起来就准备到地里耕田。当他走到地里时，发现耕耘机没有油了，于是他打算立刻去加油。这时他又突然想到家里还有几头猪没有喂呢，于是又转回头往家里走去。快到家时，他又想起家里需要柴火，他又急忙去砍柴。在去砍柴的路上，他又看见了病鸡……这位农夫从早上一直忙到太阳落山，油也没有加，猪也没有喂，柴也没有砍，鸡也没有治……最后田也没有耕。

这个案例的启示是：计划和预算是执行的基础。

4.4.4 团队合作能力

【团队的力量】

在南美洲的草原上，天气非常酷热。这时有一片草丛突然起火，无数蚂蚁被熊熊大火包围。在这危急时刻，只见这些蚂蚁紧紧聚成一团，成为一个大蚁球，然后迅速滚向火海。尽管有一些蚂蚁被烧死，但是更多的蚂蚁绝处逢生。

据研究，雁群一字排开成 V 字形时，比孤雁单飞提升了 71% 的飞行距离。前面的大雁振翅高飞，会为后面的队友提供升力。这种飞行模式能够最大限度地让大雁节省能量。

（资料来源：http://m.wenzhaihui.com/wenzhaihui/duangushi/2018-03-15/16638.html）

绝处逢生的蚂蚁和雁群的飞行模式生动地展示了团队合作的力量。一滴水要想不干枯，只有将它融入大海。独木难成林，要想获得成功，一定要学会与人合作。

4.4.5 专注

在日常工作和生活中，常常看到有些人一心多用，做事缺少专注，事无巨细地瞎忙活，效率却很低。古人云："十鸟在林，不如一鸟在手。"专注精神对于工程师来说非常重要，没有一个人能够行行通、样样精。

乔布斯说："专注和简单一直是我的秘诀之一。"

诺贝尔物理学奖获得者，著名的物理学家丁肇中曾经说过："与物理无关的事情我从来不参与。"

任何事情，没有专注的能力，效率就无从谈起，因此，我们需要注重培养自己的专注精神和强大的抗干扰能力。

4.4.6 终身学习

【快活三里】

在泰山半腰有一段平路叫"快活三里"，有的人爬累了就在此休息。但是挑山工们一般都不在此久留，因为休息时间长了，腿就会发懒，再上泰山"十八盘"就更累了。

这个案例揭示了一以贯之的重要性。学习也一样，IT 行业知识更新迅速，可以说，一个人的终身学习能力决定了他的人生高度。

1942 年，教育家陶行知在他创办的重庆育才学校发表了题为《每天四问》的讲话，要求全校的师生做到每天问自己 4 个问题：第一问——你的身体有没有进步？第二问——你的学问有没有进步？第三问——你的工作有没有进步？第四问——你的道德有没有进步？他还提出了促进知识进步的五字要诀"一、集、钻、剖和韧"，即专心一意地学习研究、尽可能地搜集资料、刻苦深入地钻研、剖析材料以去粗取精和坚韧不拔的精神。

孔子说："学而不已，阖棺乃止。"荀子在《劝学》中也说过"学不可以已"。终身学习就是给自己最好的投资。生活会奖励终身学习的人。无论世事如何变化，一个人是有所成就还是被淘汰，最终都掌握在自己手里。

4.4.7 IT 职业卫生健康

IT 工程师在职业活动中长时间面对计算机，精神集中在计算机屏幕上，长时间久坐，缺乏运动，长期遭受计算机辐射等危害，很容易引发一些职业病，危害身体健康。

1. 鼠标手

手指的反复运动容易损伤肌腱和神经。

对策：每工作一小时就要起身活动身体，做一些握拳、捏指等放松手的动作。使用计算机时，计算机桌面的高度最好低于坐着时的肘部高度。使用鼠标时手臂不要悬空，移动鼠标时不要用腕力而尽量靠臂力，不要过于用力按键盘及鼠标的按键。另外，最好选用弧度大、接触面宽的鼠标，有助于力的分散。

2. 颈、肩部酸痛

头部长期前倾容易导致颈、肩部酸痛。

对策：避免长时间以同一姿势紧盯屏幕，适当地舒缓颈部和肩部压力，适当进行运动及颈部、肩部按摩。

3. 腰痛

久坐办公室，长时间保持一个姿势或者坐姿不良，极易导致脊椎僵硬，出现腰部疲劳，久而久之就会出现腰痛的情况。

对策：平时尽可能每小时起来活动一下身体。还可以在办公座椅后放一个腰靠垫，以缓解腰部紧张。

4. 眼睛疲劳

长时间使用计算机，眼睛容易干涩、疼痛，眼球表面的泪液分泌减少，角膜容易受损。

对策：避免眼睛干涩，要有意识地提高眨眼频率，以湿润眼球。可使用眼药水缓解眼部疲劳。戴度数合适的眼镜。计算机显示器亮度与环境亮度差别不要太大。

4.4.8 心态管理

正面积极的职业心态和正确的职业价值观意识是工程师必备的核心素养之一。

一提到 IT 工程师，很多人就会想到“IT 男”“码农”这些词语。确实，编程过程是尝试、受挫、回顾、顿悟的过程，而且，IT 工程师还会遇到种种烦恼：接到含糊不清的任务，思路不断被客户、经理、同事打断，管理者完全不懂编程，需求频繁变动，等等。

王小波说："这个世界上有两类人：一类人把有趣的事情做成无趣，一类人把无趣的事情做成有趣。"IT 工程师如何把无趣的事情做成有趣呢？

1. 保持热情和好奇心

爱因斯坦说："我没有特殊的才能，只有强烈的好奇心。"

如果对编码保持热情和好奇心，主动优化代码并持续学习；如果主动尝试更好的开发方式、更先进的工具来提升开发效率；如果不断改进设计，将编程变成创造性的工作；如果和伙伴精诚合作，共克难关，那么，呈现在 IT 工程师面前的将是思维之美、探索发现之美、行云流水般的代码之美、卓越功能之美、团队合作之美！

可以用 3 个英文单词——Coder、Programmer 和 Software Engineer 来描述 IT 工程师需要经历的 3 个境界：

(1) Coder 指按照既定的设计进行编码的编码员。

(2) Programmer 指精通设计模式、算法实现和编码技巧，能够独立编码解决现实问题的程序员。

(3) Software Engineer 指具有获取用户需求、进行市场分析、评估项目风险、进行软件设计、编码等能力，能够独立完成项目的软件工程师。

2. 感受编程的美丽

有调查发现，很多软件开发者热爱音乐，还有很多作曲家涉足过编程。例如，英国著名的创作型歌手埃尔维斯·科斯特洛(Elvis Costello)曾被誉为"他那一代最优秀的词曲作家"，他在 20 世纪 70 年代曾参与了 IBM 360 的工作。

创作旋律和编写程序之间有很多共同之处。一个优秀的作曲家必须先学习和完善基础知识，即简单、重复的音阶和琶音；同样，一个优秀的软件开发者，也需要坚持大量实践与磨炼。作曲家必须以全局观考虑不同乐器的选择和组合问题；同样，开发者也需要以全局观进行程序架构的构建。

无论作曲家还是软件开发者，都要有想象力、创造力和自我表达的激情。因此，编程可以很美丽。编程与谱曲、写作一样，从根本上来说都是需要创新精神的领域。

第5章 文献检索与科技写作

完成比完美更好。

——Facebook 公司标语

工程师会与各种各样的文献、文档、论文打交道。工程师需要通过高效地、精准地搜索和获取有价值的文献资源助力工程研究工作,需要阅读与编写开发文档、产品文档和管理文档与其他工程人员传递和表达信息,需要撰写论文将自己的科技或科学研究的过程、方法和结果以书面的方式向其他人公布。因此文献检索与科技写作是工程师的必备技能。

5.1 文献检索

在大数据时代,通过搜索海量信息,高效地、精准地获取有价值的文献资源,这是每一位工程师的必备技能。在工程研究过程中,从选题、立项、实施、撰写研究报告到研究成果鉴定等,每一个环节都离不开信息检索。只有大量收集、整理、分析和利用信息,才能了解和掌握国内外研究动现状,少走弯路,并能够"站在巨人的肩膀上",从而取得更高水平的研究成果。

5.1.1 文献信息源

1. 文献信息源的类型

文献信息源按出版形式主要分为以下类型。

1) 图书

图书一般是对已发表的科研成果、生产技术或经验,或某一知识领域做系统的论述和概括,主要包括学术专著、文集、教科书、普及读物及参考工具书(指对某个专业范围作广泛系统研究的手册、年鉴、百科全书、词典、字典等)等。其特点是内容较系统、全面、成熟,但出版时间较长,时效性较差。正式出版的图书均有国际标准书号(International Standard Book Number,ISBN),是专门为识别图书等文献而设计的国际编号。

2)期刊

期刊也称杂志,是指定期或不定期出版、汇集了多位著者论文的连续出版物。期刊在科技情报来源方面占有重要地位,约占整个科技情报来源的65%~70%,是科技查新工作利用率最高的文献源。

科技期刊的特点是:每种期刊都有固定的名称、统一的版式和外观,有连续的出版序号,由专门的编辑机构编辑出版。它出版周期短,刊载速度快,数量大,内容较新颖、丰富。期刊按刊载文献的信息密度划分为核心期刊和非核心期刊两类。核心期刊信息量大、学术水平高、参考价值大,影响面大。

正式出版的期刊有国际标准连续出版物编号(International Standard Serial Number,ISSN)。

3)报纸

报纸有固定的名称,内容新颖,时效性强,出版周期短,发行量大,影响面宽。

4)科技报告

科技报告又称研究报告和技术报告,是关于某项科研成果的正式报告或记录。科技报告大多涉及高、精、尖科学研究和技术设计及其阶段进展情况,客观地反映科研过程中的经验和教训。

科技报告的特点是单独成册。其报道的成果一般必须经过主管部门组织有关单位审定,其内容专深、可靠、详尽,而且不受篇幅限制,可操作性强,报告迅速。涉及尖端技术或国防内容的科技报告将被控制发行。

5)会议文献

会议文献是指各种科学技术会议上所发表的论文、报告稿、讲演稿等与会议有关的文献。目前,全世界每年出版的会议论文集已超过4000种,会议论文数超过10万篇。国内有《科技会议论文数据库》可供检索。

会议文献的主要特点是传播信息及时、论题集中、内容新颖丰富、专业性和学术性强,往往反映某一学科或专业领域内最新学术研究成果、研究动态和发展趋势。会议文献是科技查新中重要的信息源之一。

6)学位论文

学位论文是高等院校和科研院所的本科生、研究生为获得学位资格(学士、硕士和博士)而撰写的学术研究论文,是撰写者在参考大量文献、进行科学研究的基础上完成的。

学位论文理论性、系统性较强,内容专一,阐述详细,具有一定的独创性,是一种重要的文献信息源。

检索国内学位论文可以利用《中国学位论文数据库》，检索国外学位论文可利用 Dialog 国际联机系统或国际大学缩微胶卷公司（University Microfilms International）编辑出版的《国际学位论文文摘》《美国博士学位论文》以及《学位论文综合索引》等检索工具。

7）专利文献

专利文献包括专利说明书、专利公报、专利分类表、专利检索工具以及专利的法律文件等。其中，最重要的是专利说明书，它是专利申请人为取得专利权向专利局呈交的一份详细书面技术文件，其中详细说明了发明的目的、构成及效果，并经专利局审查，公开出版或授权。

专利文献的特点是数量庞大、报道快、学科领域广阔、内容新颖，具有实用性和可靠性。由于专利文献的这些特点，它的科技情报价值越来越大，使用率也日益提高。

8）标准文献

标准文献是技术标准、技术规范和技术法规等文献的总称，是科学实验、工程设计、生产建设、技术转让、国际贸易、商品检验等领域中对工农业产品和工程建设的质量、规格及其检验方法等方面所做的技术规定，是具有法律约束性的技术依据和技术文件。标准按审批机构级别分为国际标准、国家标准、区域标准、行业标准和企业标准等。标准有明确的使用范围和用途，传递的信息准确可靠，编排格式严谨划一。

9）政府出版物

政府出版物是由各国政府部门及其设立的专门机构发表、出版的文件，可分为行政性文件（如法令、方针政策、统计资料等）和科技文献（包括政府所属各部门的科技研究报告、科技成果公布、科普资料及技术政策文件等）。

政府出版物的特点是具有权威性和正式性。政府出版物对了解某一国家的科技水平、经济状况及其相关政策等具有参考作用。

10）产品资料

产品资料是生产厂商或经销商为了推销产品而印发的以介绍产品为主的出版物，如产品目录、产品说明书、产品数据手册等。产品资料的内容包括产品的品种、性能、特点、用途、原理、使用方法和价格等，对新产品的选型和设计、技术改造、设备引进等具有重要的参考价值。

11）科技档案

科技档案是科技部门和企事业单位针对具体的工程和项目所形成的技术文

件、图纸、图表、图片和原始记录等,包括任务书、协议书、技术经济指标、研究计划、方案大纲、技术措施等,主要供内部使用,保密性强,一般有密级限制。

2. 网络信息资源

网络信息资源非常广泛,大体可分为3类。

1) 电子出版物

电子出版物是由出版机构或出版商、数据库商出版发行的,在网络信息资源中所占比例最大,包括各类数据库、电子期刊、电子图书、电子报纸、多媒体资源以及正式出版的特种文献等。其特点是信息含量高、提供检索系统、便于查找利用。电子出版物必须购买使用权后才可以使用,一般由图书馆、文献情报中心等机构购买后为其用户提供免费使用。

2) 网络免费学术资源

网络免费学术资源完全面向公众开放使用,包括各种政府机构、商业部门、学术团体、行业协会、教育机构等在网上正式发布的网页及其信息,以及用于揭示图书馆馆藏资源的联机公共目录查询系统和开放获取资源等。其特点是信息发布及时、传递速度快、出版费用低、检索方便。这类资源主要依靠搜索引擎、分类指南、网络资源学科导航等工具进行查找和利用。

3) 特色资源

特色资源主要指各教育机构、政府机关、图书馆、学术团体、研究机构基于自身的特色或围绕地方特色及学科优势,搜集相关资源所制作的信息数据库。特色资源一般在一定范围内分不同层次发行,不完全向公众开放。例如,高校自建的学位论文数据库、学术成果数据库等只在校园网内开放使用。

5.1.2 文献线索检索

文献线索是指文献来源的题名、作者、出处等文献外部特征。在信息检索的过程中,有时需要首先利用信息源获得相关的文献线索,并对检索结果进行筛选,然后进行全文文献检索以获取全文。

获取文献线索的途径主要有三大科技文献检索系统、搜索引擎和文献引文。

1. 三大科技文献检索系统

SCI (Science Citation Index,科学引文索引)、EI(Engineering Index,工程索引)、ISTP(Index to Scientific & Technical Proceedings,科技会议录索引)是世界著名的三大科技文献检索系统,是国际公认的进行科学统计与科学评价的主要检索工具。

1) SCI

SCI是美国科学信息研究所的尤金·加菲尔德于1957年在美国费城创办的引文数据库。它通过论文的被引用频次等统计数据对学术期刊和科研成果进行多方位的国际学术水平评价研究,是国际公认的最重要的科技文献检索工具之一。

SCI收录期刊的内容主要涉及数、理、化、农、林、医、生物等科学研究领域,选用期刊来源于40多个国家、50多种文字。

2) EI

EI是由美国工程师学会联合会于1884年创办的,是历史最悠久的大型综合性检索工具。EI目前主要有3个版本:EI Compendex光盘数据库、EI Compendex Web数据库、Engineering Village 2。

EI是全世界最早的工程文摘来源。其收录的文献涵盖了所有工程领域。EI从1992年开始收录中国期刊。

3) ISTP

ISTP由美国科学情报研究所于1978年编辑出版。该索引收录生命科学、物理、化学、农业、生物、环境科学、工程技术和应用科学等学科的会议文献,包括一般性会议、座谈会、研究会、讨论会、发表会等。其中工程技术与应用科学类文献约占35%。其涉及学科基本与SCI相同。

2. 搜索引擎

搜索引擎指自动从因特网搜集信息,经过一定整理以后,提供给用户进行查询的系统。搜索引擎是目前获取文献线索的一个重要渠道,特别是学术搜索引擎,如Google Scholar、百度学术等。但是搜索引擎存在信息重复、质量无保障、查全率和查准率较低、有时无法获得全文等缺陷,因此在进行学术研究时,应优先使用单位或学校图书馆提供的学术资源数据库,同时参考搜索引擎、技术论坛、专家学者的个人主页等其他网上资源的检索结果。

1) Google Scholar

Google Scholar(谷歌学术搜索,http://scholar.google.com)是一个可以免费搜索学术文章的网络搜索引擎,由计算机专家Anurag Acharya开发。2004年11月,Google公司第一次发布了Google Scholar的试用版,该搜索引擎包括了世界上绝大部分公开分出版的学术期刊。Google Scholar能够帮助用户查找包括期刊论文、学位论文、图书、预印本、文摘和技术报告在内的学术文献,内容涵盖自然科学、人文科学和社会科学。

2）百度学术搜索

百度学术搜索（http://xueshu.baidu.com）是百度公司旗下的海量中英文学术资源搜索平台，于2014年6月初上线。它涵盖了各类学术期刊、会议论文。百度学术搜索可检索到收费和免费的学术论文，并通过时间筛选、标题、关键字、摘要、作者、出版物、文献类型、被引用次数等细化指标提高检索的精准性。

3. 文献引文

利用已有文献所附的参考文献作为文献线索，也可以找到一些重要文献。当获得某些文献的全文后，可以通过不断追溯参考文献来扩大搜索范围，依据文献之间的引用关系获得越来越多的与研究内容相关的文献。尤其是综述类文献所附的参考文献意义更大，可以利用这些文献作为线索获取全文。该方法不需要利用检索工具，准确性高，但获取的文献有可能不够新颖和全面。

5.1.3 全文文献检索

全文文献检索是通过文献线索（题名、作者、出处等信息）直接找到原始文献的全文的检索方法。全文文献检索主要有以下途径。

1. 全文数据库

全文数据库是获取原始文献的首选，例如中国知网、万方数据库、超星数字图书馆、维普、SpringerLink等。

1）中国知网

中国知网（China National Knowledge Infrastructure，CNKI）是以实现全社会知识资源传播共享与增值利用为目标的信息化建设项目，由清华大学、清华同方发起，始建于1999年6月。CNKI目前是世界上全文信息量规模最大的数字图书馆，为全社会知识资源高效共享提供了极为丰富的知识信息资源和有效的知识传播与数字化学习平台。

2）万方数据库

万方数据库是由万方数据公司开发的，涵盖期刊、会议纪要、学术成果、学术会议论文的大型网络数据库，也是和中国知网齐名的专业学术数据库。万方期刊集纳了理、工、农、医、人文等类的科技类期刊全文。

3）超星数字图书馆

超星数字图书馆由北京世纪超星信息技术发展有限责任公司投资兴建，目前拥有数字图书数百万种。

4）维普

维普中文期刊服务平台由维普资讯有限公司创办，针对国内出版发行的14 000余种科技期刊、5600万篇期刊全文提供内容分析和引文分析等文献服务。

5）SpringerLink

SpringerLink是全球最大的在线科学、技术和医学领域学术资源平台。Springer的电子图书数据库包括各种的Springer图书产品，如专著、教科书、手册、地图集、参考工具书、丛书等。

2. 网络免费资源

目前网络免费资源非常丰富，很多大学图书馆将一些免费资源的网址整理出来，供用户使用。比较有代表性的免费资源有中国科技论文在线、中国预印本服务系统、奇迹文库、国家科技图书文献中心等。

3. 馆藏纸质资源

利用各个图书馆的联机公共查询目录（Online Public Access Catalogue, OPAC），可以方便快捷地查找馆藏纸质资源。

联机公共查询目录在20世纪70年代初发端于美国大学和公共图书馆，是一种通过网络查询馆藏信息资源的联机检索系统。

例如，登录中国国家图书馆主页（http://www.nlc.cn/），单击"馆藏目录检索"按钮，即可进入联机公共查询目录进行检索和借阅。

又如，登录中国高等教育文献保障系统（http://www.calis.edu.cn/），可以查找其联盟图书馆的馆藏图书。

4. 文献传递服务

文献传递是图书馆依托国内外图书馆协作网为读者提供的文献全文馆际快速查询、获取和传递服务。比较常用的文献传递系统有读秀学术搜索和国家科技图书文献中心。

1）读秀学术搜索

读秀学术搜索（http://www.duxiu.com/）是由海量全文数据及资料基本信息组成的超大型数据库。收入中文图书全文430多万种，元数据2.5亿条。

2）国家科技图书文献中心

国家科技图书文献中心（National Science and Technology Library, NSTL）是2000年6月12日组建的一个虚拟的科技文献信息服务机构，成员单位包括中国科学院文献情报中心、国家工程技术图书馆（中国科学技术信息研究所、机械工业信息研究院、冶金工业信息标准研究院、中国化工信息中心）、中国农业科学院图书馆、中国医学科学院图书馆。

5. 其他途径

除了上述获取途径之外，还可以通过联系文献作者、访问文献作者主页、在相关网络论坛等互助平台发帖求助等方式获取文献全文。

专利文献可以利用中国知网、万方数据资源系统、中华人民共和国国家知识产权局专利检索系统（http://www.sipo.gov.cn）、中国专利信息中心（http://www.cnpat.com.cn）以及 SooPat 专利检索系统（http://www.soopat.com）获取。

标准文献可以利用国家标准文献共享服务平台（http://www.cssn.net.cn）查询。

5.2 阅读文献

获得文献后，如何有效地阅读文献呢？

学会有效地阅读文献是一项非常重要的技能。只有广泛地阅读文献，深入学习，才能厚积薄发。

首先，要了解一般文献的组成结构。例如，最常见的文献——论文，其引言部分通常说明研究工作的背景、意义、概述解决方案；正文部分详细叙述解决问题的方法，并且通过论据或实验对解决方法进行细致的评价；结论部分会对该研究工作的创新性成果进行总结，并对未来的研究工作进行展望。

了解了文献的结构，就可以有的放矢地进行阅读了。一般，阅读文献需要经过泛读和精读两个阶段。

1. 泛读

泛读阶段的主要目的是：弄清文献的大体想法，抓住文献的主要内容，而不考虑细节。

在此阶段，应带着任务认真阅读题目、摘要、引言、章节标题和结论。此阶段的任务是了解以下问题：该文献主要的研究工作是什么？主要使用了哪些技术？主要创新点是什么？这项研究的未来发展方向是什么？

如果认为该文献对自己目前的研究工作意义不大，就可以迅速放弃它，开始下一篇文献的阅读；否则，就可以开始下一个阶段——精读。

2. 精读

在精读阶段，要仔细阅读论文，但是对诸如公式证明等细节信息可以忽略。在阅读时应该记下重点，或者在论文空白处加上标注，记下看不懂的内容、想问作者的问题、结论中有待进一步研究的问题和文献中存在的问题等。也可以利用 Word 或其他文档编辑软件将文献中重要的内容复制一份摘要，并标上文献的标题和作者等相关信息。这个方法坚持久了，对提升阅读和写作都有很大帮助。

在此阶段肯定会有一些文献看不太懂，那就需要沉下心，深入研究。实在不行就暂时放下，过一段时间再读，随着知识和能力的提高，慢慢也就弄明白了。

5.3 技术文档的编写

在整个项目的生命周期中，文档的编写是非常重要的工作，符合要求的规范化的文档在项目实践中起着表达思想、传递信息的重要作用，是保证项目质量的重要措施。高质量和高效率的文档管理和维护在工程项目中的意义重大。

5.3.1 软件开发项目文档的分类和作用

软件开发项目的技术文档按照产生和使用的范围划分主要有 3 类：开发文档、管理文档和产品文档。

1. 开发文档

开发文档用于描述项目开发过程，包括需求、设计、详细技术描述、测试、保证项目质量的一系列文档，例如可行性研究报告、项目开发计划、项目需求说明书、数据要求说明书、概要设计说明书、详细设计说明书等。

开发文档的主要作用如下：

(1) 开发文档可以作为开发过程中所有阶段之间的沟通交流工具。

(2) 开发文档可以用作检测点，使管理者能够评估开发进度，是跟踪和控制项目的一个重要工具。

(3) 开发文档为维护人员提供了必需的基本支持文档。

2. 管理文档

管理文档用于记录项目管理的信息，如进度记录、变更情况记录、测试记录、维护记录等。

管理文档的主要作用如下。

(1) 提高开发过程中项目情况的能见度，有助于项目管理。管理文档能够记录开发过程中发生的事件，有利于提高项目开发过程中项目情况的能见度，便于进行开发进度管理和质量管理。

（2）提高开发效率。各阶段的开发人员通过编制管理文档能够促进周密思考和全盘权衡，并能及时发现和纠正问题，从而提高开发效率。

（3）有助于培训与参考。管理文档可提供与软件的运行、维护和培训有关的信息，便于管理人员、开发人员、操作人员和用户之间的协作和交流。

3. 产品文档

产品文档用于描述产品的使用、维护等信息。产品文档的使用者主要包括用户和维护人员，主要包括用户手册、培训手册、参考手册、用户指南、软件硬件支持手册和产品手册等。

产品文档的作用如下：

（1）为使用和运维产品的人员提供培训和参考资料。

（2）便于项目后期的维护工作。

（3）在产品市场营销中发挥作用，有利于提高市场占有率。潜在用户可以通过产品文档了解产品的功能、性能等各项指标，方便其选购符合自己需求的产品。

5.3.2 软件开发项目文档写作的指导原则

1. 艺术性和灵活性

法国作家福楼拜说："科学与艺术在山脚下分手，在山顶上会合。"

文档写作和文学创作一样，也是一门艺术。虽然人们在长期实践活动中发现和总结的一些文档写作经验原则可以在一定程度上起到指导作用，但软件开发项目是具有创造性的脑力劳动，在规模和复杂度上与一般文档差异很大，所以软件开发项目文档写作不能按照固定的文档写作模式生搬硬套，应该有一定的灵活性。

软件开发项目文档的灵活性表现在以下方面。

（1）编制文档的种类应根据具体情况增减。

不同的软件开发项目开发需要产生的文档数量是不同的。一般软件开发项目需要产生的文档有14种之多。对于具体的软件开发项目，可以根据实际情况决定哪些文档可以合并或省略。

一般，当软件开发项目的规模、复杂性和潜在风险增大时，文档编制的数量会随之增加，管理力度会随之增强，详细程度也会随之提高。当项目有特殊要求时，也可以创建新的文档种类。

对于规模较大的软件开发项目，文档需要分卷编制。分卷既可以按子系统进行，也可以按内容进行。例如，可以在系统设计说明书的基础上增加子系统设计说明书,可以在程序设计说明书的基础上增加接口设计说明书和版本说明,可以在操作手册的基础上增加安装实施过程等。

(2) 文档的详细程度应根据具体情况而定。

文档的详细程度取决于项目的规模、复杂性和项目负责人对项目开发及运行环境需求情况的判断。在编写文档时,可以根据实际情况,在通用的文档模板的基础上予以扩展或合并、简化。

2. 技术文档的可读性要强

技术文档的主要作用是进行交流和沟通,所以可读性必须强。

进行文档编写时,应清晰易懂,不要产生二义性。例如,需求文档要保证用户易读,就应尽量使用用户术语。不要为了遵循一些抽象的正确性标准而机械地照搬这些标准方式,这将导致文档毫无意义。“己所不欲,勿施于人。”如果写的文档自己读起来都觉得晦涩难懂,别人怎么能理解呢? 所以,文档编写前,必须了解读者的水平、特点和要求。

5.3.3 软件开发项目文档写作的常用技巧

1. 内容组织

在文档的内容组织上应遵循以下两个原则。

(1) 所有内容位置得当。

有效建立文档组织结构的方法是借鉴和使用标准的文档模板。文档在内容组织上的一个基本原则是:每段内容都有一个合适的位置,而且每段内容都被置于合适的位置。如果随意地设计文档的组织结构,就有可能忽略细节信息或在很多位置重复相同的细节。

(2) 对于需要重复的内容,进行引用或强化。

对于文档中必要的冗余重复信息,可以考虑引用,即在文档中交叉引用相关的各项。也可以使用强化,即通过在文档不同部分建立有逻辑性的连接,使同一内容以不同的形式在不同部分多次出现,使读者可以更加深刻地理解文档内容。

文档中的引言部分就是一种强化式重复。每一种文档都要包含引言部分,以提供内容梗概。还有各种文档中的说明部分,如对功能性能的说明、对输入输出的描述等,这是为了方便各类文档的读者,使读者在阅读一个文档时不必交叉阅读其他文档。

2. 细节描述

与文档的细节描述有关的原则如下。

(1) 定义术语表。

术语表是对重要术语的清晰、一致的说明,用于准确描述术语的含义。

文档中关于术语的常见问题有术语不一致、出现冗余的术语等。文档中出现的不必要的术语称为冗余术语。文档中不要出现过于复杂的词汇和表达方式,这样会降低文档的可读性和清晰性。

(2) 简洁。

技术文档的编写主要使用简单语句,尽量不要使用复杂的长句,避免使用形容词和副词。

另外,一图胜千言,截图、图表的使用会大大提高文档的清晰度。

(3) 避免干扰文本。

干扰文本是指那些没有实用目的、对文档内容的理解没有贡献的文本。干扰文本会浪费读者的时间和精力,例如,元文本就是一种常见的干扰文本。元文本是对文本内容进行描述的文本,例如"这一段的意思是……""本段描述的是……"等。只有当没有元文本读者就无法正确理解文档内容时,元文本才是必要的。

(4) 精确。

文档中不能使用模糊和有歧义的词汇。

一个好文档和一个差文档的区别在于细节问题的处理上,如遣词造句和组织方式等。所以,要写出一个漂亮的文档,要从两方面多加努力:一是广泛了解他人实践中的间接经验;二要加强实践,多动手写作,多阅读优秀的文档,从中总结具体经验,包括文档的组织方式、常用的写作技巧和易出错点等。

3. 读者视角

孔子曰:"躬自厚而薄责于人,则远怨矣。"为人处事应该多替别人考虑,从别人的角度看待问题。

技术文档的主要作用是进行交流与沟通,而良好的交流与沟通是项目质量的重要保证,于己于人都有益。

如果能够真诚地站在读者角度编写文档,那么文档的可读性一定很强。

5.4 科技论文的撰写

科技论文是科技人员对自然科学、工程技术研究领域的现象(或问题)进行科学分析、综合的研究和阐述,并按照科技期刊的要求进行表达的文档形式。

科技人员需要借助论文对自己的研究成果进行记录和总结。科技论文是科技人员交流学术思想和科研成果的工具,以使成果得以分享,从而促进科技进步和行业进步。通过发表论文,可以公布创新成果,获得知识产权。

5.4.1 科技论文的类型

根据研究内容、研究手段和表达方式的不同,科技论文可以分成以下 5 种类型:

(1) 论证型科技论文。这类论文主要讨论和证明数学、物理学、化学等基础学科的原理、定理、定律、原则或假设的建立、论证及其适用范围、使用条件。

(2) 研究报告型科技论文。这类论文是针对科学技术领域的某一课题进行调查与考察、实验与分析,得到系统、全面、完整的实验数据等原始资料,并对其进一步加工整理,运用已有的理论进行分析、讨论,做出最新判断,得出新结论。

(3) 发现发明型科技论文。这类论文主要记述新发现或新发明的事物的背景、现象、本质、特性及其运动变化所遵守的规律及使用前景,阐述发明的设备、系统、工具、材料、工艺形成或方法的性能、特点、原理及使用条件。

(4) 计算型科技论文。这类论文以数学运算及数学解析为主,例如,分析计算机辅助设计的源程序、方法以及计算收敛性、稳定性、精确度等。

(5) 综述型科技论文。这类论文主要是对某一科学技术领域在一定时期发展状况进行回顾和总结,对现状进行分析和评价,对未来进行预测和展望,提出建议,具有指导性,能对科学技术的发展起到承前启后的作用。

5.4.2 科技论文的基本结构

从形式上看,科技论文主要包括以下几部分:标题、摘要、关键词、引言、正文、结论、参考文献等。

1. 标题

论文标题是论文的重要组成部分,是对论文主旨的核心概括,是对研究对象的精确、具体的描述，体现论文的中心内容和研究方向，并明确界定论文的研究范围。

论文标题的确定应符合如下原则：

（1）标题应以简明、确切的词语反映论文的主要内容和强调的观点，切忌笼统，并力求新颖。由于他人要通过论文题目中的关键词来检索论文，所以用语精确是非常重要的，即论文标题要准确得体、简短精练、外延和内涵恰如其分。

（2）中文标题一般不宜超过 20 个字，必要时可加副标题，要既能反映论文的主题，又能让读者读懂。标题不一定是完整的句子，可以将词汇或术语按照语法规则规范地组合在一起构成标题。

（3）标题应尽量避免使用符号，例如，数学、化学符号，非常见或公认的简称、缩略语和代号，数学公式，等等。

（4）标题中应包括论文的主要关键词，以便为检索提供特定的实用信息。

2. 摘要

摘要是对论文研究内容的高度概括，以提供论文梗概为目的，不应加评论和补充解释。摘要是可以被引用的简明、确切地记述论文重要内容的完整短文，能够为读者阅读以及信息采集人员和计算机检索提供方便。

摘要主要包括 4 方面的内容：

（1）研究对象和研究目的。准确描述该研究的对象、目的、任务和涉及的范围，说明提出问题的缘由和研究的重要性。

（2）研究方法。简要说明研究中使用的方法、理论、手段、条件、材料等。

（3）研究结果。简述研究的结果、数据、新发现、得到的效果、性能等。

（4）结论。对研究结果的分析、比较、应用、推广价值等加以总结。

摘要的撰写应符合如下原则：

（1）作为一种可阅读和检索的独立使用的文体，摘要不必使用“本文”“作者”等作为主语，建议使用第三人称视角。

（2）摘要应结构严谨、表述简明确切。通过阅读科技论文摘要，读者应该能够对论文的研究方法及结论有整体的了解，因此摘要的写法应力求精确、简明。慎用长句，句型力求简单。

（3）摘要中一般不要对论文内容作诠释和评论，尤其是自我评价。切忌空洞的评语和模棱两可的结论。

（4）除了实在无法变通以外，摘要中一般不用数学公式和化学结构式。

（5）缩略语、略称和代号等在首次出现时应加以说明。

（6）摘要的字数是正文的 3%～5%。国内期刊论文一般要求摘要为 200～

300字。

3. 关键词

关键词是为了便于文献检索，从论文标题、摘要、层次标题以及论文内容中挑选出来的能反映论文主题的词或词组。

关键词的选择应注意以下几点：

(1) 一篇论文一般选取3～8个词作为关键词。

(2) 要选取收录在《汉语主题词表》和各种专业性主题词表中的规范词(在主题词表中称为叙词或主题词)。

(3) 通常关键词要选取论文主要工作或内容所属二级学科名称、研究成果名称或论文内若干成果的总类别名称、采用的科学研究方法的具体名称、主要研究对象的名称以及重要的和出现频率高的词。

【标题、摘要和关键词写法举例】

分析图5.1和图5.2中标题、摘要和关键词的写法。

面向加密云数据的多关键词模糊检索方法

申艳光，张 猛，范永健

(河北工程大学 信息与电气工程学院，河北 邯郸 中国 056038)

摘 要：密文检索技术是实现云环境下加密数据高效利用的有效方式，但现有的密文检索方案无法有效地解决模糊检索及陷门关联性问题。针对以上不足，提出了一种面向加密云数据的多关键词模糊检索方法(Multi-Keyword Fuzzy Query, MKFQ)。该方案首先对关键词的二元向量集合进行二进制编码，并结合Bloom Filter和LSH函数对二进制编码进行哈希，然后分别选取常数和正态随机数对索引位进行扩展及加密。最后，采用内积相似性算法计算相似分数并排序。实验通过安全性分析，并以Enron邮件数据集作为测试数据集，验证了MKFQ方案的高效性和正确性。

关键词：云环境；隐私保护；模糊检索；布隆过滤器；局部敏感哈希

图5.1 论文标题、摘要和关键词举例1

4. 引言

引言也叫前言，是论文的开头。引言犹如一部长剧的序幕，可以使读者了解研究课题的背景和目前该领域的研究状况以及研究意义、前景、目的等。

一篇科技论文的引言大致包含如下几部分：

(1) 问题的提出。讲清研究的问题是什么。

(2) 选题背景。说明选择这个课题的理由和目的。通过对研究课题范围内的文献的回顾和总结，阐明研究现状和存在的问题，明确要达到的研究目标。

(3) 研究方法。说明该研究的理论依据和使用的科学研究方法。

基于词共现与图卷积的文本分类方法

申艳光[1]， 贾耀清[1,2]

1.河北工程大学 信息与电气工程学院，河北 邯郸 056038
2.河北工程大学 河北省安防信息感知与处理重点实验室，河北 邯郸 056038

摘 要：针对文本分类任务中标注数量少的问题，提出了一种基于词共现与图卷积相结合的半监督文本分类方法。模型先使用词共现方法统计语料库中单词的词共现信息，然后过滤词共现信息建立一个包含单词节点和文档节点的大型图结构的文本图，最后将文本图中邻接矩阵和关于节点的特征矩阵输入到结合注意力机制的图卷积神经网络中实现了对文本的分类。实验结果表明，与目前多种文本分类算法相比，该方法在经典数据集 20NG、Ohsumed 和 MR 上均取得了更好的效果。

关键词：文本分类；词共现；图卷积神经网络

图 5.2　论文标题、摘要和关键词举例 2

(4) 研究意义和前景。说明该研究的意义和未来的前景。

引言应开门见山、言简意赅，不要与摘要雷同或成为摘要的注释，避免公式推导和一般性的方法介绍。

5. 正文

正文是论文的主体和核心部分，是作者对科研实践中获得的数据、结果以及观察到的现象进行综合分析、推理并上升到理性认识的文字表述。各层次标题间、各段落间(学位论文的各章节间)要存在有机联系，符合逻辑顺序。

6. 结论

结论是对科技论文主要研究结果、论点的提炼与概括，应准确、简明、完整、有条理，能使读者全面了解论文的意义、目的和工作内容。同时，要严格区分自己取得的成果与导师及他人的科研工作成果。如果不能得出结论，也可以提出建议、设想、改进的意见或待解决的问题。

7. 参考文献

一篇论文一定是由很多参考文献的知识积累而成的。参考文献是为研究、撰写或编辑论著而引用的有关文献资料。

在学术论文后列出参考文献的目的有 3 个：一是反映真实的科学依据；二是体现严肃的科学态度；三是表示对前人成果的尊重，同时也是为了指明引用资料出处，便于他人检索。

中华人民共和国国家标准 GB/T 7714—2015《信息与文献　参考文献著录规则》中对文后各种参考文献的著录项目与著录格式做出了规定。

1）专著

专著的著录格式如下：

主要责任者. 题名：其他题名信息[文献类型标识/文献载体标识]. 其他责任者. 版本项. 出版地：出版者，出版年：引文页码[引用日期]. 获取和访问路径. 数字对象唯一标识符.

示例：

[1] 陈登原.国史旧闻：第1卷[M].北京：中华书局，2000：29.

[2] 哈里森，沃尔德伦.经济数学与金融数学[M].谢远涛，译.北京：中国人民大学出版社，2012：235-236.

2）连续出版物

连续出版物的著录格式如下：

主要责任者. 题名：其他题名信息[文献类型标识/文献载体标识]. 年，卷(期)-年，卷(期). 出版地：出版者，出版年[引用日期]. 获取和访问路径. 数字对象唯一标识符.

示例：

[1] 中华医学会湖北分会.临床内科杂志[J]. 1984，1(1).武汉：中华医学会湖北分会，1984-.

[2] 中国图书馆学会.图书馆学通讯[J]. 1957(1)-1990(4).北京：北京图书馆，1957-1990.

3）专利文献

专利文献的著录格式如下：

专利申请者或所有者. 专利题名：专利号[文献类型标识/文献载体标识]. 公告日期或公开日期[引用日期]. 获取和访问路径. 数字对象唯一标识符.

示例：

[1] 邓一刚. 全智能节电器.200610171314.3[P].2006-12-13.

4）电子资源

电子资源的著录格式如下：

主要责任者. 题名：其他题名信息[文献类型标识/文献载体标识]. 出版地：出版者，出版年：引文页码(更新或修改日期)[引用日期]. 获取和访问路径. 数字对象唯一标识符.

示例：

[1] 中国互联网络信息中心.第29次中国互联网络发展现状统计报告[R/OL].(2012-01-16)[2013-03-26]. http：//www.cnnic.net.cnl/hlwxbg/201201/